위대한 유산

8명의 가족이 다 때려치우고 미국 횡단 여행을 떠난 이유

위태한 유산

제준
제해득
지음

안타레스

목차

00 제준 작가   00 제해득 작가

짜릿합니다. 세상에 누비는 수만 개의 책 중에서 당신에게 선택받아 이렇게 읽힐 수 있다니 정말 감사하고 짜릿합니다. 저는 우리가 만난 우연 같은 여행 이야기를 책으로 만든 작가 제준입니다.

초면임에도 불구하고 약속 하나 드리도록 하겠습니다. 책을 만드는 과정의 모든 노력은 의도와 다르게 꽤 많은 분을 만족 시키지 못할 것이라고 약속드리겠습니다. 동시에 반복되는 삶에 지쳐 여행이 필요한 분들과 사랑하는 사람과의 아름다운 추억이 필요한 분들께는 이 책이 최선의 선택이 될 것이라고 약속드리겠습니다.

2019년 4월, 조금 특별한 여행을 다녀왔습니다. 평생 캠핑카를 타본 적 없는 아빠, 난생처음 미국에 가보는 엄마, 해외여행 자체가 처음인 큰 매형, 회사를 그만두고 떠난 큰누나, 과감하게 육아휴직을 한 작은 매형, 새로운 꿈에 도전하는 작은누나, 태어난

지 22개월밖에 되지 않은 조카와 함께 여행을 다녀왔습니다.

미국 서부에서 캠핑카로 시작해 미국 동부, 캐나다, 하와이까지. 여덟 가족인 저희는 40일 동안 미국 횡단을 했습니다. 그리고 소중한 여행의 시간을 사진, 영상, 글로 기록했습니다. 다녀온 후 이 여행을 오랫동안 기억하고 싶었습니다.

가슴 벅찰 만큼 기쁜 영향을 전하는 것. 그것이 제가 책을 쓰는 이유 단 하나, 전부입니다. 이 마음은 이전 책들을 기획해주신 분들의 도움으로 시작되었습니다. 집필, 기획, 편집, 마케팅까지 출판의 모든 과정을 직접 진행하며 이 작품을 단순한 책보다도, 뜯고 맛보고 씹으며 즐기는 복합문화공간으로 만들기 위해 노력했습니다. 그래서 존경하고 사랑하는 아버지와 함께 글을 썼습니다. 글 위에 사진을 얹어 포장했습니다.

사랑하는 조카가 먼 훗날 사춘기를 맞이했을 때 방황을 사랑할 수 있기를 바라는 마음으로, 사랑하는 가족에게 행복을 선물하는 마음으로 만들었습니다. 여행 이야기이자 유산 이야기인 이 책 속에서 자신만의 변화 한 개씩 챙겨가셨으면 좋겠습니다. 절망, 연민, 행복, 희열, 위로, 힐링, 희망 등 다양한 변화 말입니다. 사랑합니다.

가족과 함께한
마지막 여행이 언제였을까

팍팍하고, 치열한 현실. 얼마 없는 쉬는 날은 소중한 사람을 챙기는 것보다 그동안의 스트레스를 푸는 것이 우선시된다. 그러나 우리는 모순되게도, 세월이 지날수록 소중한 사람에게 사랑을 베풀지 못한 것에 대해 깊은 후회를 하곤 한다.

시련이 익숙해지면

생기는 것들

　평생 캠핑카 타본 적 없는 아빠, 난생처음 미국에 가보는 엄마, 해외여행 자체가 처음인 큰 매형, 회사를 그만두고 떠난 큰누나, 과감하게 육아휴직 한 작은 매형, 새로운 꿈에 도전하는 작은누나, 세상에 태어난 지 22개월밖에 되지 않은 조카 이삐. 그리고 학교 대신에 세상에서 배우며 자유롭게 사는 나.

　2019년 4월 24일 오늘, 여덟 가족 우리는 떠난다. 할아버지부터 손녀까지 함께 떠나는 미국 횡단 여행은 40일 동안 미 동부에서 시작해 미 서부를 거친 뒤 캐나다 토론토로 향한다. 하와이에 가는 것을 마지막으로 다시 한국으로 돌아오며 끝나는 이 여행. 절반은 캠핑카를, 절반은 렌터카를 타고 여행한다. 아빠는 온 가족 8명 중 유일하게 회사에 다니는 사람이다. 큰 매형과 큰누나는 휴식과 새로운 도전을 위해 얼마 전 회사를 퇴직했으며, 작은 매형은 육아 때문에 지쳐있는 작은 누나를 위해 휴직을 썼다. 우리는 미국 여행의 시작 단추를 잘 끼우고 싶었다. 그래서 평소보다 공항에 더 빨리 가기로 했다. 이륙 4시간 전에 출발해 새벽 7시에 도착했다.

"죄송합니다. 출발 티켓을 드릴 수 없습니다"

공항에서는 믿기 어려운 이야기를 들었다. 항공사는 우리가 미국으로 출발해도 미국 입국 심사를 통과할 수 없을 것이라고 말했다. 많은 인원으로 생길 변수에 대응하고자 최소한의 예약으로 일정을 계획했다. 그래서 한국으로 돌아오는 비행기도 예매하지 않았다. 그것이 문제였다. 발급받은 관광비자로는 미국에서 한국으로 돌아오는 항공권이 없으면, 입국 심사를 통과하기 어렵다는 것이었다.

여행을 가로막는 문제는 이뿐만이 아니었다. 출발하기 전 가족끼리 크게 싸우는 바람에 1년 동안 준비했던 여행은 잠시 없던 일이 되기도 했으며, 서부 캠핑카 여행에서 가장 중요했던 캠핑장 예약은 누락되기도 했었다. 심지어 아빠는 출발 며

13

칠 전 감기에 걸렸었고, 우리는 첫 번째 목적지인 샌프란시스코에 도착만 해도 여행은 성공이라고 이야기할 수밖에 없었다.

　이 말을 지키기가 그렇게 어려울 줄이야. 결국 처음에 예약했었던 비행기를 떠나보냈다. 육체적, 정신적, 금전적으로 너덜너덜해지고 나서야 새로운 비행기를 맞이한다. 지금은 서울의 환한 불빛을 뒤로한 채, 새까만 하늘 위를 날고 있다. 아빠와 나는 출발 전부터 계획했다. 수많은 일이 펼쳐질 이 여행을 기록하기로. 가방에는 노트북과 카메라가 들어있다. 아빠는 이것들을 잘 정리해서 에세이를 만들어보라고 하셨는데 잘 모르겠다. 그래도 기록하는 건 재밌으니까 오늘 이야기를 기록하는 것부터 시작해보려 한다. 이번 여행에서는 어떤 일들이 펼쳐질까. 하늘 위에서 설렘과 두려움으로 가득 찬 불안한 행복을 느끼고 있다. 애칭으로 '이쁘'라고 부르는 조카도 잘 자고 있으니 10시간의 긴 비행도 잘 할 수 있을 것 같다. 이제 나도 자야지. Good night.

절벽 끝에 서야만

비로소 알 수 있어

날씨가 점점 흐려진다. 순식간에 안개로 뒤덮인 Battery Spencer. 안개는 강한 바람에 자동차보다 더 빠르게 움직인다. 덕분에 앞은 보이지 않는다. 절벽으로 가는 길 앞에 서 있는 지금, 무언가에 홀린 것일까. 바람에 날아갈 것 같지만 철조망을 뛰어넘어 절벽으로 향한다. 그러자 안개 사이로 희미하게 빨간 다리가 보인다. 그렇게 나의 심장은 요동친다.

첫날, 이때의 표정을 생생하게 간직하고 싶어 내 얼굴을 카메라로 찍었다. 세상을 다 가진 기분을 담고 싶었다. 강한 바람에 안 떠지는 눈을 억지로 뜬 채 찍은 사진을 보면 아직도 웃음 밖에 안 나온다. 영어로 Golden Gate Bridge라고 불리는 금문교는 세 곳에서 관광할 수 있다. 다리가 시작되는 입구 근처에서 사진을 찍을 수 있는 곳과 아래에서 다리를 올려다볼 수 있는 곳. 그리고 위에서 금문교를 내려다볼 수 있는 Battery Spencer가 있다.

첫 번째로 도착한 곳은 다리 입구 근처 전망대였다. 텔레비전에서만 보던 금문교가 내 눈앞에 있으니 가슴이 떨렸다. "후하" 신난 마음에 사진을 찍느라 금문교보다 카메라 화면을 더 많이 봐버렸다. 그곳은 금문교를 보고 신기해하는 사람들의 감탄 소리만큼 카메라 셔터 소리가 더 많이 들리는 재밌는 곳이었다.

다음 장소로 향했다. 두 번째 장소로 가던 중 우리는 섬 하나를 볼 수 있었다. 다리 옆에 희미하게 보였었던 섬은 영화 〈빠삐용〉에 나온 실제 교도소라고 한다. 이곳저곳에 묻어있는 역사와 문화를 지나 수풀 길로 향했다. 수풀 사이의 내리막길을 지나 다리보다 훨씬 아래에서 금문교를 볼 수 있는 곳에 도착했다. 인적 드문 곳에서 올려다본 금문교는 생각보다 크고 길었다. 달리고 싶었다. 노래를 틀고, 금문교를 바라보며 상상했다. 빨간색 람보르기니 아벤타도르를 타고 금문교를 가로지르는 나의 모습을.

다음 목적지를 향해 열심히 달렸다. 우리는 battery Spencer에 도착했다. 굽이굽이 꺾인 길옆에 바퀴를 돌려 적당한 곳에 주차했다. 시동을 끄자 강한 바람에 차는 좌우로 흔들리고, 창문 밖에서는 안개가 바람에 치이고 있다. 게다가 너무 추워서 차 밖으로 나가고 싶지 않다. 하지만 그럴 수가 없다. 13시간을 날아 이곳까지 왔는데 말이다. 결국, 작은 매형과 나만 차 밖으로 나온다.

산 중턱에 전망대처럼 위치한 Battery Spencer에 가기 위해서는 5분 정도 걸어야 한다. 같이 출발한 매형은 나보다 훨씬 먼저 도착했다. 무서움 때문이다. 걸어서 5분 정도 길이의 길. 폭이 참 좁다. 산의 가장자리 쪽으로 만들어진 길은 옆으로 두 발자국만 움직여도 절벽 밑으로 떨어질 수 있는 매우 좁은 길이다. 양팔을 벌리고 점프를 하면 바람이 부는 방향으로 2m는 날아갈 것 같다. "파바박" 소리치는 바람막이, 짧은 시야, 좁은 길. 나는 온몸으로 무서워하고 있다.

참 많이 고민했었다. 2m 옆으로는 끝이 안 보이는 절벽이고, 떨어지면 아마 지금 보고 있는 풍경이 내 인생 마지막 풍경이 될 것 같다. 앞으로 가야 할까. 차로 돌아가야 할까. 그때,

나와 비슷한 나이의 친구들이 노래를 부르며 내 옆을 유유히 지나갔다. 나는 무서워서 한 발자국도 못 가고 있었는데 말이다. 쪽팔린 마음에 그 친구들이 지나갈 때 맞춰 옆에 있는 꽃을 보고 있는 척을 한다.

'자연스럽게 따라가야겠다!' 그들이 시야에서 사라지기 전, 나는 자연스럽게 노래를 부르며 뒤따라갔다. 도착한 그곳에서는 금문교가 보였다. 살면서 무언가를 보며 두 팔을 벌려본 적이 단 한번도 없었다. 큰소리로 고함을 외치며 두 팔을 벌렸다. 이 풍경만큼은 온전히 느끼고 싶었나 보다. 두 팔을 벌린 채 그 순간을 음미했다.

사진을 찍으며 매형이랑 감탄하고 있을 때, 노래를 부르며 내 옆을 지나간 친구들은 철장을 넘어 비탈길로 향했다. 비탈길을 따라 절벽으로 가는 그들의 발걸음은 마치 보물이 숨겨진 곳을 가는 것처럼 가벼워 보였고, 그들의 표정은 사막 위에 오아시스를 발견한 것처럼 환희에 차 있었다. 우리도 알 수 없는 무언가에 홀렸다. 두려움은 잊은 체 철조망을 넘었다. 아주 좁은 비탈길을 따라 절벽에 도착하자 내 뒤로는 누가 살던 것으로 보이는 작은 아지트가, 그 앞으로는 금문교가 보였다. 금문교는 안개에 둘러싸여 있었고, 다리를 건너는 차에서는 자유가 느껴졌다. 절벽 끝에서 바라본 다리를 표현할 수 있는 단어는 아직도 찾지 못했다.

매형과 차로 돌아가는 길에서 이야기를 나눴다. '여행 정말 잘 왔다' 그때 시간은 오후 5시였고, 우리는 저녁으로 한식을 먹기로 했다. 김치찌개와 볶음밥을 먹은 후, 숙소에서 술잔을 기울였다. "짠" 소리가 10번 더 들린 후 남녀로 나뉘어 잠이 들었다. 잠들기 전, 푹 자고 일어나자고 약속을 했지만 우리는 16시간의 시차 때문에 정확히 4시간 뒤에 일어났다. 정확한 이유는 알 수 없었지만, 그 시간이 밤이 아니라고 몸이 인식했다는 것은 분명했다. 샌프란시스코에 도착했어도 역시 쉬운 것은 하나도 없다.

03

가장 소중한 순간이다

안 좋은 순간이

"샌프란시스코는 다른 도시보다 신호등이 더 많은 것 같지 않아?"

"소득 수준과 국민의 의식 수준이 높을수록 도로는 사람 중심으로 변화해. 도로는 원래 사람을 위해 존재하는 거잖아. 신호등이 많아지면, 보행자는 더 나은 안전을 보장받을 수 있어"

샌프란시스코의 도로는 깔끔했었고, 가로수는 그림 같았었다. 골목처럼 폭이 짧은 길에 신호등을 설치해둔 모습을 본 나의 질문에 답한 아빠는 이제야 자신이 도시공학박사처럼 보이나며 잘난 척을 했다. 그 말을 들은 엄마는 "당신은 잘난 척좀 그만해"라고 말했고, 머쓱해진 아빠의 모습에 우리는 한바탕 웃었다.

샌프란시스코는 미국에서의 첫 번째 도시였고, 오클랜드는
두 번째 도시였다. 샌프란시스코와 오클랜드 사이를 잇는 Bay
Bridge는 2층 다리다. 2층 위쪽은 오클랜드에서 샌프란시스코
에서 가는 차만 다닐 수 있고, 1층 아래쪽으로는 샌프란시스
코에서 오클랜드로 가는 차만 다닐 수 있다.

머리 위로는 샌프란시스코로 가는 차들이 지나가고 있다.
우리는 아래쪽 다리를 통해 오클랜드로 향한다. 오클랜드는
샌프란시스코보다 사람이 적고, 건물도 낮다. 심지어 무서운
사람이 총을 들고 갑자기 튀어나올 것 같다. 긴장하며 휑한 길
을 지나 하룻밤을 묵을 숙소에 도착했다. 매형들은 도착하자
마자 캠핑카를 가지러 갔다. 2시간이 지나자 매형들에게 전화
가 왔다.

"빨리 나와 봐. 진짜 커. 진짜" 매형의 흥분된 목소리에 자
는 누나와 엄마를 깨워 주차장으로 갔다. 진짜 컸고, 정말 컸
다. 캠핑카는 옆에 있는 픽업트럭보다 정확히 두 배 더 길었고
1.5배 정도 더 넓었다. 캠핑카는 입장과 동시에 주차장의 왕이

되었고, 우리는 다시 숙소로 돌아와 휴식을 취했다. 지역 이동으로 시차는 1시간 더 늘어났고, 17시간 시차 때문에 만난 졸음과 이별을 할 필요가 있었다.

눈을 찌르는 햇살이 나를 깨웠다. 졸린 눈을 비비며 산책하러 나갔다. 앞에 보이는 호수가 너무 커서 작은누나에게 물었다. "호수가 왜 이렇게 커?" 호기심에 호숫물을 손가락에 찍어 맛보았고, 호수가 아니라 바다였다는 사실을 알게 되었다. 큰 호수처럼 보이는 북태평양 물줄기를 따라 걸으며 꽃과 함께 사진을 찍었다. 지나가다 넓은 잔디가 있으면 누워서 햇살과 함께하고, 낚시하는 사람이 있으면 옆에 앉아 구경했다.

허기가 져 숙소로 다시 돌아왔다. 치킨과 스파게티로 저녁을 시작했다. 치킨은 나의 실수로 바닥에 엎었고, 남아있던 스파게티는 맛이 없었다. 결국, 한국에서 가져온 라면을 먹었다. "그래도 즉흥적인 이 여행이 재밌다" 저녁을 먹으며 여행에 대한 이야기를 나눴다. 그러고 나서 각자의 방으로 흩어졌다. 물론, 내일 아침에 몇 시에 일어날지에 대한 이야기는 나누지 않았다.

덜 피곤했던 큰 매형과 나는 밀린 빨래를 챙겨 세탁실로 향했다. 한국에서 세탁기를 돌려본 적이 없는 나와 영어를 모르는 큰 매형과의 환상적인 콜라보로 그날 빨래는 새벽까지 계속되었다. 사용법도 모르고 영어도 잘 몰라서 1시간이면 할 수 있는 것을 5시간 동안 한 것이었다. 빨래를 끝내고 숙소 앞에서 큰 매형은 담배를 피웠고, 나는 담배 연기를 바라보며 멍 때렸다. 예상치 못한 사람과 예상치 못한 장소에 있으면 웃음이 나오곤 한다. 이곳에 우리가 같이 있다는 것 자체가 신기했다. 웃음이 나왔고, 머지않아 빨간색 담뱃불은 까만색이 되었다.

숙소로 돌아와 이어폰을 꽂고 침대에 털썩 누웠다. 푹신한 매트리스는 한 것 없이 피곤한 나에게 위로를 건네주었다. 창문 밖으로는 캠핑카와 4차선 도로가 보인다. '오늘도 참 행복했다' 침대에 누워 창밖을 바라보며 행복을 음미한다. 한국에서 애타게 노래를 불렀던 캠핑카가 창밖 주차장에서 보이니까 신기하다. 꿈꿨던 것이 눈앞에 있다. 뭉클하고, 기쁘다.

영화에서만 나오는 특별한 순간이 나의 삶에도 찾아오기를 바랐다. 지금 이 순간이 바로 그 순간이다. 그렇지만, 영화에서는 모든 순간이 웃기거나 흥미진진하지 않다. 그것 외에도 지루하고, 화나고, 슬픈 순간들이 존재한다. 그럼에도 영화의 한 순간, 한순간들은 영화 전체를 위해 모두 소중하다. 그것처럼 앞으로 만날 우리의 여행의 순간들은 전부 행복하지 않을 것이며, 동시에 모두 소중할 것이다. 오늘부터 캠핑카를 타고 3주 동안 서부를 여행한다. 여행에서 만날 모든 순간을 기꺼이 환영해야겠다.

04

것들의 위태한 반란
평생을 믿어왔던

오늘은 요세미티 국립공원의 일부를 관광한다. 요세미티의 캠핑장 중 한 곳에 예약하고자 했는데 6개월 전부터 예약 자체가 힘들었다. 어쩔 수 없이 선착순으로 야영객을 선발하는 곳으로 향했다. 새벽 6시에 차를 이동시켜서 한 시간을 달리면 선착순 모집에 참석이 가능할 것 같다. 눈을 뜨고 바로 이동을 시작한다.

캠핑카의 최대 장점 중의 하나는 짐을 싸거나 특별히 씻을 필요 없이 원하는 곳으로 이동할 수 있다는 점이다. 둘째 사위가 운전하고 나머지는 모두 꿈속이다. 아주 좋은 장점인 것 같다. 1시간을 달려 mirror lake 근처 캠핑장에 도착했다. 아침 겸 점심을 먹고 mirror lake를 향해 트레킹을 나선다.

요세미티 공원의 자연은 우물 안의 나를 부수기에 충분했다. 소나무 둘레가 5m가 넘고, 세쿼이아는 10m가 넘는다. 10m라면 성인 남자 다섯 사람 정도가 팔을 펴고 안아야 하는 굵기다. 삼나무 과에 속한다는 세쿼이아 나무와 그사이로 적당하게 소나무가 어우러져 이어지는 숲은 어마무시하다. 7년 전, 전남 담양에서 메타세쿼이아 가로수 길을 보고 정말 멋있다고 감탄했었다. 각자 특성이 있으니 단순한 비교는 예의가 아니지만 이곳은 어림잡아 그보다는 열 배는 더 큰 나무들의 소굴이다. "아하~ 세상에 이런 풍경도 있구나"라는 감탄이 절로 나온다. 목적지에 도착하기 전, 나는 이미 항복해버렸다. "아이구 바보야", "아이구 멍청아" 인생 오십 년을 잘 못 살았다는 탄식이 절로 흘러나온다.

누가 이것을 보고 계곡이라 했는지 모르겠다. 흘러내리는 물의 양과 넓이는 중국의 황하와 같이 황톳빛을 내면서 거대하고 도도하기까지 하다. 심지어 물소리 때문에 옆 사람의 이야기를 도통 알아들을 수가 없다. 도대체 이 엄청난 물은 어디에서 나와 어디를 향해 거침없이 진군하는 것일까?

감탄하다 보니 온 산을 감싸고 있는 90도 각도의 바위와 그 사이로 줄기차게 뿜어져 나오는 엄청난 규모의 폭포들이 보인다. 그것도 하나가 아닌 계곡 전체를 웅장한 바위들이 둘러싸고 있다. 설악산의 울산바위 전체를 다 모아 만들어도 이 계곡의 바위 하나를 만들 수 없을 정도다. 원래부터 있었던 건지, 우리가 온다고 특별히 모인 것인지는 모르지만 질릴 정도로 대단하다. 바위들이 암벽을 이루고, 이것들이 연속되면서 그 사이로 수백 미터의 폭포가 하나도 아닌 곳곳에 널려 있다. 이런 폭포에서 용이 승천했다고 말한다면, 그 누구라도 의심 없이 믿을 것이다.

왜 내 머릿속에서 큰 소나무는 속리산의 정이품송으로만 각인되어 있었는지, 계곡은 지리산 백무동 계곡이 최고로만 알고 있었는지, 폭포는 천지연폭포가 최고라 생각하고 있었는지! 지금까지 알고 있던 상식은 큰 충격을 받고 와르르 무너졌다. 지금까지의 고정관념으로 바라본 세상이 진리인 양 살아온 어리석음을 후회할 정도로 반성한다.

혼란스럽게 두어 시간을 걸었더니 목적지가 나온다. 하늘 밑으로는 암벽인데 이 모든 풍광이 호수의 물속에 다 비친다. 그래서 사람들이 '거울 호수'라고 이름 지었다고 한다. 다소 지나쳤던 감탄에 지쳐 돌아오는 길에는 셔틀버스에 신세 지며 베이스캠프로 돌아왔다. 돌아와서 주린 배를 라면으로 채웠다. 지금부터는 단잠을 청할 것이다.

"용문사에 있는 은행나무는 태어난 지 천 년이 넘었다. 천 년의 수명을 가진 은행나무 한 그루는 지금도 가을이면 은행을 만들고 낙엽을 뿌린다. 이 은행나무를 처음 보았을 때 그 자태에 감탄했었다. 그런데 그 은행나무보다 두 세배 정도 더 굵고 높은 소나무와 세쿼이아가 온 산을 가득 채우고 있으니 말이 안 나온다. 특히, 2천 년 된 세쿼이아 나무들의 최대 군락지 '마리포사'는 최고의 백미다. 그래서 딱 한마디만 했다. '항복' 지금까지 내가 봐왔던 것이 전부인 것으로 착각하고 살아왔다. 이 숲을 보면서 고정관념에 한계를 만났고, 지금까지 본 세상이 얼마나 협소했는지를 깨닫게 되었다. 대자연 앞에 '무조건 항복'을 선언한다"

- 단잠의 꿈속에서

삶의 특징
죽음보다도 못한

05

 이러니 짐이 많을 수밖에. 장기간 여행이다 보니 아내가 면도기와 이발기를 준비해왔다. 식구가 많고 간간이 머리 손질도 해야 하기에 준비한 것이었다. 어제저녁에 아들은 옆머리를 손질하고, 백발로 염색했다. 두 사위도 이곳 마트에서 산 약으로 염색해 스타일을 변신하는 자유를 만끽했다.

 어젯밤에 술을 마시지 않고 일찍 잤더니 새벽에 눈이 떠졌다. 가지고 온 책과 간이의자를 들고 시원한 바람이 부는 캠핑장 가로등 밑으로 갔다. 천당의 느낌이 이런 것일까? 변화에 관한 이야기가 주제인 책인데 읽는 재미가 제법 쏠쏠하다. "목표의 가치가 그 달성 여부에만 달린 것은 아니다. 목표에 이르지 못하더라도 개개인의 행복, 만족감, 성취감은 목표를 향해 나아가는 동안 계속 성장하고 발전한다. 변화를 위한 실천 계획을 삶에 포함하기만 해도 현재에 충실한 삶을 살 수 있다. 자신의 소명과 가치, 본연의 자아에 부합하는 목표를 설정하면 인생이라는 배는 올바른 방향으로 나아가기 시작한다"《어떻게 변화를 끌어낼 것인가?》라는 책에 나온 내용은 아직 목적에 대한 뚜렷한 개념이 없는 아들에게 들려주고 싶은 내용이다.

뜬금없이 머리를 자르고 싶다는 생각이 든다. 그것도 빡빡 밀어 보고 싶다는 생각 말이다. 아무래도 책 선택을 잘못한 것 같다. 아내에게 머리를 밀어달라고 했더니 별말 없이 밀어준다. 10분도 지나지 않아 풍성하던 머리카락은 낙엽처럼 바닥에 떨어져 나뒹굴고, 머리에 닿는 시원한 아침 바람에 온몸이 추워진다. 캠핑장 야외 샤워장으로 달려가서 거울을 바라본다. 어제 보았던 사람과 다른 사람이 보인다. 별것 아니지만 새롭게 태어난 느낌이다.

"당신도 참 많이 늙었네" 아내가 안타까운 듯 한마디 던진다. 염색하며 살아온 지 어언 10년이 되어간다. 흰머리를 염색으로 덮을 때는 이 정도는 아닐 줄 알았다. 집사람이 휴대전화로 찍어 준 사진을 보니 장난이 아니다. 더군다나 수염도 다른 사람들에 비해 엄청 많다 보니 하얀색이 목 위로 가득하다. "우린 늙어가는 것이 아니라 조금씩 익어가는 겁니다. 내가 힘들고 외로워질 때"라고 노래를 흥얼거리며 자리를 나섰다.

캠핑카에는 침실과 운전석 그리고 조수석, 식탁, 주방, 거실 등 아파트 한 채의 축소판이 그대로 들어가 있다. 5~6평 정도가 실제 사용할 수 있는 공간이다. 움직이는 좁은 아파트에서 지내려고 하니 많이 불편하다. 그래서 3일에 한 번 씻는데, 삭발까지 하니 씻는 것도 편하다. 자다가 머리에 새집 지을까 불편하게 뒤척이지 않아도 된다. 이제 샴푸나 린스도, 스프레이나 젤도 바를 필요가 없다.

고시 시험에 줄줄이 낙방하고 27살 아주 늙은 나이에 육군 이등병으로 입대했다. 그때가 마지막 삭발이었다. 굳이 삭발하지 않아도 되었지만, 그때는 자신과 세상이 원망스러워 지금처럼 삭발하고 눈물을 흘렸었다. 그때 이후로는 삭발해본 적이 한번도 없었다. 벌써 30년의 세월이 다 되어간다. 나뿐만이 아니라 우리나라 가장들 대부분이 마찬가지일 것이다. 이런 생각이나 경험을 해보는 것 자체가 뚱딴지같은 일일 것이다. 어떤 식으로든 매일 생계를 위해서 사회 활동을 해야 하는 우리가 이런 일탈을 생각한다는 것 자체는 불가능하기에.

나에게는 거래처가 있고, 만나야 할 '갑'이라는 존재도 있으며 회사 직원들도 있다. 패션 회사도 아닌 회사에서 사장이라는 사람이 머리를 빡빡 밀고 다니는 것. 우리나라 정서에 그렇게 부합할 일은 아니다. 그렇다면 나는 왜 삭발을 했는가? 불편한 여행에서의 편리함만을 위한 것은 아니다. 가장 큰 이유는 변화다. 변화를 경험하고 싶은 마음이 가장 컸다. 지금까지 평생을 긴 머리로 살아왔고 한번도 이것을 바꿀 생각도, 시도도 해보지않았다. 너무나도 당연한 것으로 생각해왔던 적당한 머리 길이와 단정한 이발 그리고 흰머리가 보이지 않는 깔끔한 염색으로 세상에 나가야 한다는 이 고정관념에 변화를 주고 싶어서다.

물은 물 자체의 속성을 지키면서 자유롭게 변한다. 흐르고 또 흘러서 바다로 가는 것. 그것이 내가 생각하는 변화의 의미이고 삶의 방식이다. 물은 환경이 바뀔 때마다 그 환경에 맞는 모습으로 변화한다. 언제든지 원하는 모양으로 바뀔 수 있고 바뀌는 것을 부담스러워하지 않는다. 그리고 항상 아래로 흐른다. 아래로 향할수록 더 넓고 큰 세상으로 향하고 마지막으로는 바다에 도달하게 된다. 도달하면 조용히 증기처럼 사라지는 의연함을 가진 바다는 구름이 되고 비가 되어 다시 땅으로 돌아간다.

이것이 변화의 자연스러운 현상이 아닐까! 우리 인생도 물과 같은 모습이면 참 좋을 것 같다. 그렇게 되려면 적지 않는 반성과 성찰이 필요할 것이다. 더불어 인내의 세월을 보내며 나를 깨는 수많은 반복이 필요할 것이다. 그런 훈련을 통해서 물에 가까워지는 법을 배우고 싶다. 물은 진리이고 우주의 근본이다. 오늘도 물처럼 살아가는 방법을 배우기 위해 나를 깨뜨리기를 반복한다. 서울로 돌아가면 염색하지 않고 짧은 머리를 당분간은 유지해보고 싶다. 그러다가 어느 날 이 패턴이 너무 단조롭다는 생각이 들면, 그때 다시 머리카락도 기르고 염색도 해 볼 생각이다.

06

많은 것을 누릴수록 불행해졌던 이유

되도록이면 밖에 있는 화장실에서 볼일을 보는 편. 한 번은 정말 급해서 캠핑카 안에 있는 화장실을 썼다. 무슨 냄새가 이렇게 지독한지. 도저히 참지 못해 급기야 차를 세우고 모두가 밖으로 대피했다. 엄마는 투덜거린다. "환풍기를 틀어도 냄새가 이러면 차에 문제가 있는 거 아니야?" 큰누나가 말했다. "준이 배에 문제가 있는 것 같은데?"

새어 나오는 생리현상을 멈출 수가 없었다. 한국의 집이었다면, 환기가 쉽기에 고약한 냄새를 오래 맡지 않아도 됐었다. 잠깐뿐이었다. 그러나 캠핑카는 좁은 공간에 많은 사람이 있다는 특수한 환경이다. 피할 수 없는 생리현상 공격은 머지않아 모두로부터 시작되었다. 냄새 공습에 캠핑카는 "뿡카"라는 별명이 생겼다.

시내버스보다는 조금 작고, 마을버스보다는 더 큰 캠핑카에는 3개의 문이 있다. 그중 2개는 운전석과 보조석이고, 나머지 하나는 운전하는 공간이 아닌 우리가 생활하는 공간과 연결된 문이다. 그 문으로 들어서면 바로 앞에는 싱크대, 가스레인지가 있는 부엌이 보인다. 한쪽에는 화장실과 침대, 또 한쪽에는 7명이 앉을 수 있는 의자와 식탁이 있다.

나는 지금 차 뒤쪽 침대에 앉아있다. 베개에 기대 노래를 들으며 창밖을 볼 수 있어 이곳을 제일 좋아한다. 창밖으로는 꺾여있거나 타서 쓰러져있는 나무가 보인다. 앞쪽 식탁으로 가서 운전하는 작은 매형에게 물었다. "여기 나무는 왜 이렇게 쓰러져 있는 게 많아요?" 미국에서는 산불도 자연의 이치라고 생각한다고 작은 매형은 말했다. 자연의 이치를 존중하기에 산에서 불이 나도 크게 번지지 않을 만큼의 진압만 한단다. 잘 정돈된 한국에 비해 날 것 그대로의 모습을 보여주는 국립공원, 신기하다. 국립공원이라고 하면 깔끔하고 편한 곳일 줄 알았다. 그런데 전기와 물을 자유롭게 쓰지 못 하는 것을 비롯한 많은 것들이 예상보다 우리를 불편하게 하고 있다. 이곳은 사람이 편한 곳이 아닌, 자연이 편한 곳인 것 같다.

몇 분이 지나고, "잘 왔다"라고 인사하듯 시원하게 물을 내뿜는 엘 캐피탄 폭포 옆 캠핑장에 도착했다. 저녁을 즐기기 위해 모닥불을 피워야 했다. 그런데 토치가 말을 듣지 않았다. 파란색 작은 토치는 작은 불씨조차 만들 힘이 없었고, 이삐를 제외하고 실질적 막내인 나는 막중한 임무를 받았다.

옆에 있는 외국인 가족에게 토치를 빌려오라는 임무다. 외국인 가족에게 향했다. 부부와 여자아이 그리고 까만 강아지 한 마리가 있었다. 가벼운 인사를 건네고 어느 나라에서 왔냐고 물었다. 그들은 미국에서 왔다고 답했다. 지금 생각해보면, 미국 사람들이 미국 캠핑장에 온 것일 텐데 참 바보 같은 질문이었다.

입과 두 팔로 열심히 상황 설명을 했다. 힘겹게 토치를 빌릴 수 있었다. 토치로 불을 피운 후, 선물과 함께 토치를 돌려주기로 했다. 왼손에는 누룽지가 담긴 봉지를, 오른손에는 빌린 토치를 들고 다시 외국인 가족에게 향했다. 도착하자마자 아이에게 인사부터 했다. 그리고선 멋쩍게 웃으며 부부에게 말했다. "토치 잘 썼어요. 토치 덕분에 행복한 저녁 파티를 할 수 있게 되었어요. 그래서 선물을 준비했어요" 선물이 뭐냐는 질문에 누룽지라고 대답했다. "혹시 이거 알아요? 이건 한국에서 유명하고, 전통적인 음식인데 이건 누룽지라고 해요. 끓는 물에 넣어서 5분 정도 기다리면 수프처럼 맛있게 먹을 수 있어요. 맛있게 드시고, 좋은 시간 보내세요"

이렇게 말하지는 못했었다. 부족한 영어 실력에 온몸을 써서 설명했다. 토치와 선물을 주고 나니 여자아이는 내게 뭐라고 말을 했다. 그것조차도 못 알아들어 웃으면서 "so cute"라고 대답했다. 그때, 강아지가 갑자기 달려와 박치기를 해 적잖이 놀랐다. 아, 맞다. 먹는 법과 음식에 대해 설명하자 부인께서 안아주셨다. 모르는 사람과 포옹을 쉽게 하지 않는 한국 문화와는 달라서 신기했다. 남편분께서는 답례로 맥주를 주셨고, 훈훈한 분위기로 대화를 마무리할 수 있었다.

"제준 이게 모야?" 이삐는 예쁜 하늘을 보며 물었다. 저녁 파티가 끝나고 하늘은 노을로 노랗게 물들었다. 정말 아름다웠다. 곧이어 하늘은 분홍색으로 물들다 빨갛게 변하더니 스르륵 사라졌다. 가로등이 없는 캠핑장에서는 한 줄기의 빛도 찾을 수가 없다. 남은 건 오직 별빛이다. 눈길이 닿는 모든 곳이 별빛뿐이다.. 그 무엇으로도 설명이 안 되는 하늘이다. 그 어디에서 봤던 별보다 크고 밝게 빛난다. 그냥 떠나보내기가 아쉬워 각각의 색깔과 모양을 가진 별들의 반짝임을 마음속에 넣어본다.

여행을 황홀하게 만드는 지름길

걷다가 꽃을 만나면 살며시 웃는다. 푸른 잔디 위, 꽃이 외로워 보이면 옆에 누워 같이 노래를 듣는다. 비가 오면 우산은 버리고 온몸으로 비를 맞는다. 사람이 많이 지나다니는 곳에 앉아 사람들의 표정을 보며 세상의 아름다움을 느낀다. 지금은 아무도 가지 않는 인적 드문 곳에서 우리의 세상을 펼치고 있다.

붉어지지 못하겠는가

떨어질 것이 두려워

열심히 가고 있는데 갑자기 아내가 큰소리를 지른다. "엄마야! 내 주사기" 주사기를 놓고 왔단다. 차를 돌려 2시간을 돌아가서 다시 찾아왔는데 다혈질인 내가 그냥 넘어갈 리가 없다. 한바탕 잔소리를 했더니 당사자는 뻔뻔스럽게 반응이 없고, 오히려 큰 사위가 고개를 못 든다.

아내의 체력은 저질인 편이다. 선천적으로 약한 체력에 당뇨까지 있어 항상 조심스럽게 먹고 열심히 운동한다. 그럼에도 조금만 무리를 하면 축 처진다. 그런 모습을 보면 안쓰럽기도 하지만, 어떨 때는 화가 치밀어 오르기도 한다. 그래서 몇 마디라도 더 하면, 아내는 서운하다고 난리다. 본인이야 오죽하겠지만 보는 사람도 짜증이 나기는 마찬가지다. 가끔 둘이서 목소리가 높아지면, 애들까지 분위기가 싸늘해진다.

큰딸도 마찬가지다. 엄마를 닮아서 그런지 체력이 약하다. 아직은 젊어서 별로 표가 안 나지만, 시간이 더 지나면 엄마와 비슷한 증상이 나타날 것 같다. 누구나 몸이 힘들면 마음에 여유가 없어진다. 특히 저녁에 일정을 마칠 시간이면 다들 비슷하지만 큰딸은 더욱 민감해진다. 덕분에 죄 없는 신랑은 말과 행동을 조심해야 하고 눈치를 봐야 한다. 아차 실수라도 하면 한바탕 폭탄이 떨어진다. 그래서 가끔은 큰사위에게 선배로서 한 가지 훈수를 던진다. "대부분 사람이 그렇지만 여자들은 배고플 때와 피곤할 때 걸리면 살아남기 힘들다. 특히 자네 장모와 와이프는 더욱더 조심해라"

나 역시 오래전부터 허리가 매우 불량했다. 짐작건대 이미 10년은 넘은 것 같고, 그 이전부터 허리 통증으로 고생하고 있다. 선천적인 이유와 후천적인 이유를 모두 가지고 있다. 몇 번이나 수술을 권유받았지만 나름의 개똥철학과 고집이 있어 아직도 이를 악물면서 버티고 있다. 그래서 매번 여행을 떠나게 되면 허리 통증으로 고생한다.

얼마 전부터 통증이 허리에서 오른쪽 다리로 내려왔다. 저리면서 마비가 온다. 사실, 이런 문제가 걱정돼 병원에서 적당한 시술을 받고 출발했다. 그런데 효과는 없고 오히려 더 심해졌다. 허리가 아프면서 다리가 저린 현상에 이미 익숙해 있지만 이번에는 심해도 너무 심하다. 오른쪽 다리에 불이 붙은 것처럼 뜨거운 통증이 느껴진다.

하도 아파서 인터넷 검색을 해봤다. 이른바 '시술 후 통증 증후군'이 아닌가 싶다. 이제 병원도 갈 수 없고 치료도 불가능하니 마인드컨트롤로 몸을 다스리기로 마음먹고 이렇게 명령한다. '허리야 다리야! 너희는 이제 물러설 곳이 없단다. 치료할 병원도, 의사도 없으니 너희가 더 강해져야 한다. 인내하고 버티면서 귀국하는 날까지 힘들더라도 잘 참아야 한다'

지속해서 주문을 외웠는데 심리적인 효과는 좀 있었지만 본질적인 치료는 되지 않았다. 사람은 몸, 마음, 영혼으로 구성된다고 한다. 살아서 움직이는 모든 행위는 몸에서 시작되며 정신 또한 엄청난 영향을 받는다. 몸은 정신을 담는 그릇이기 때문이다. 한 번은 트레킹을 하면서 과하게 속도를 내서 걸었다. 허리가 많이 당황했는지 전혀 아프지 않고 오히려 무사히

트레킹을 마칠 수 있었다. 참 해괴망측한 일이다. 신기하게도 척추협착증이라는 것은 신경이 눌릴 때는 죽을 듯이 아프다가도 또 어떨 때는 멀쩡하다. 모든 것들이 다 좋을 수 없고 그렇게 되길 바라지도 않지만, 사람이 아프다는 것은 가슴 아픈 일이다.

"여행은 가슴이 떨릴 때 떠나야 한다. 여행 생각에 큰 심호흡으로도 심장의 떨림이 진정되지 않는다면 당신은 여행을 짝사랑하는 것이고, 여행 중에도 여행을 그리워한다면 이미 여행과 사랑을 하는 것이며, 여행에서 막 돌아왔을 때 바로 다음 여행을 생각한다면 그것은 여행에 중독된 것이다"《가슴이 떨릴 때 떠나라》에서 나온 이 말이 참 좋다.

흔히들 여행은 다리가 떨릴 때가 아니라 가슴이 떨릴 때 하는 것이라고 말한다. 깊이 공감한다. 내 나이 이제 오십 중반이고 허리 통증 이외의 나머지 체력은 40대 초반보다 더 낫다고 생각한다. 이런 사람도 여행에서 핸디캡으로 고민과 고생을 하고 있다. 그렇다면 우리가 생각하는 은퇴 이후의 멋진 인생 스케줄에는 문제가 없는 것일까? 그동안 고생해서 벌어둔 재산으로 아내와 가족들과 함께하고자 하는 노후 계획은 과연 실행 가능한 일인지, 아니면 영원한 계획으로 남겨질 것인지를 점검할 필요가 있을 것이다. 이미 그런 사실에 대해서 다른 사람보다 더 많이 인지하고 공감하고 있다. 그것을 피하려고 무리해서 가족들을 데리고 이곳에 왔다.

　세상 사는 일이 쉽지가 않다. 몸 하나 챙기는 일부터 마음에 여유를 찾고 타인의 관점에서 나를 바라보는 일까지. 뭐하나 쉽거나 만만한 일이 없다. 심지어 당장 눈을 뜨면 현실이라는 힘든 짐을 지고, 가족의 생계를 위해서 전장에 뛰어들어야 한다. 설령 그렇다 치더라도 조금이라도 더 젊을 때, 조금이라도 더 현명한 선택이 무엇인지를 생각해보자. 작은 것 하나라도 나와 가족을 위해 실천한다면, 힘들고 지친 일상에 소소한 행복과 에너지가 생기지 않을까!

요세미티에서 죽음을 결심했던 이유

저 멀리서 석양은 황금빛으로 물들고, 하늘 가운데에는 보름달이 떠 있다. 황량한 황무지에 자리 잡은 캠핑장에는 수없이 많은 나무가 어우러져 그늘과 청량한 공기를 제공한다. 어제와 달리 지금 불어오는 바람은 사람에게 가장 최적의 기분을 주고 있다. 음식하는 사람, 책을 읽는 사람, 샤워하는 사람 그리고 캠프파이어를 준비하는 사람, 이삐와 신나게 놀고 있는 사람. 사람의 마음을 평안하게 해주는 이 훈훈한 바람 속에서 가족들은 제각기 주어진 일들을 하고 있다.

8명의 식구는 각자 자기가 하고 싶은 일을 나름의 방법으로 즐기고 있다. 나는 책 한 권을 들고 캠핑카 주변의 나무 밑으로 왔다. 여행을 출발할 때 책 열다섯 권을 챙겨왔는데 좀처럼 시간 내기가 쉽지 않다. 밤이면 불을 켤 수 없어서 운전석에 차광막을 친 채 책을 읽기도 했고, 그것마저도 식구들이 잠자는데 신경 쓰일까 봐 샤워장이나 공중화장실에서 책을 읽기도 했다. 이만큼 행복한 시간은 없다.

오래전부터 책 읽기와 글쓰기를 많이 좋아했다. 성년이 되던 때부터 일기를 써 35년째 계속해서 쓰고 있다. 처음에는 노트에다 쓰다가 15년 전부터는 컴퓨터에 쓰고 있다. 언제부턴가는 업무가 바빠서 매일 쓰지 못해 일기가 아닌 주기를 쓴다. 습관적으로 한 주의 일상들을 주말이나 일요일에 정리한다. 출발하면서 여행 이야기를 묶어서 책으로 출간하고자 생각했다. 여행 중 글을 쓰기 위해 한국에서 관련 서적을 몇 권 읽고 왔는데 적지 않은 도움이 된다. 어차피 가라앉을 건 가라앉고 떠오를 건 떠오른다는 무라카미 하루키의 말에 동감하면서도 그래도 인상 깊은 기억은 남겨야 할 것 같아서 세 가지 방법으로 기록을 남긴다.

첫째는 휴대전화 메모장에 그날 또는 그 순간에 가장 핵심이 되는 감정에 대한 키워드만 가난하게 적는다. 편리해서 자주 사용하는 방법이다. 두 번째는 사진을 찍거나 동영상을 촬영하는 방법이다. 특히 사진을 찍고 구글 앱을 통해 확인하면 그곳의 위치와 정보에 대해서 쉽게 파악할 수 있다. 세 번째는 녹음하기다. 휴대전화에 음성녹음 기능으로 간단하게 이용할 수 있다.

시간이 없을 때나 순간적으로 문득 떠오른 내용은 키워드만 메모장에 기록했다. 그리고 사진과 영상은 일상적으로 활용했다. 녹음하기는 술을 마신 상태이거나 메모할 시간이 없을 때 혼자 잠깐 자리를 비워서 담배 하나 꺼내 물고 10분 정도 녹음했다. 특히 이 녹음하는 방법은 술 한 잔 마시고 감성이 무르익을 때 사용하면 아주 좋다. 어제는 사람이 없는 줄 알고 공중화장실에서 중얼중얼하고 있었더니, 옆에 있는 외국인 친구가 "What's wrong?"이라고 해서 깜짝 놀랐었다.

코끝을 스치는 바람이 조금씩 차가워진다. 이제 머지않아 칠흑 같은 어둠이 몰려올 것이다. 천국과도 같이 평온하고 고요하며 아름다운 이곳. 오래전에 보았던 영화 〈대부〉에서 그 무시무시했던 대부가 손자와 같이 놀다가 세상을 떠나는 마지막 장면이 스쳐 지나간다. 이 바람을 맞으면서 여기에서 마지막을 맞이해도 별 아쉬울 것이 없을 것 같다는 생각이 든다.

'아니다. 정신 차리자. 좀 더 살아야 한다'

　성공은 자신이 설정한 가치 있는 목표를 하나씩 실천해 나
가는 과정이다. 성공에 의미는 쓰는 사람마다 조금씩 다르지
만, 설령 원하는 성공까지 도달하지 못했더라도 목표에 가까워
진 만큼 성공한 것이다. 여행자의 관점에서 이국의 정취를 편
안하게 느낄 수 있고, 가족 모두가 같이 공감하면서 행복한 시
간을 가질 수 있는 이곳은 지상 낙원이다. 이런 행복을 만끽하
는 나에게 성공한 사람인가를 묻는다면, 그렇다고 자신 있게
말할 수 있을 것 같다.

　인생의 목적은 행복이라고 생각한다. 내가 돈을 버는 목적
도 행복이고, 성공의 목적도 행복이다. 한때, 나는 행복은 주
어지는 것으로 생각했다. 돈, 지위, 명예 등과 같은 물질적 조
건을 얻으면 행복은 자동으로 주어지는 전리품이라고 생각했
었다. 하지만 행복은 주어지는 것이 아니라 만드는 것이고 선
택하는 것이었다. 행복해서 웃는 것이 아니라, 웃음과 함께하
기에 행복해지는 것이다.

　잠시 딴짓을 하는 동안 금세 가족들은 저녁 준비를 한다고

분주해졌다. 같이 공감하고, 체험하고, 느끼고, 부대끼면서 우리는 가족이라는 공동체를 피부로 느끼고 있다. 행복이란 것은 결코 멀리 있는 것이 아니라 지금 이 순간, 내가 가지고 있는 바로 이것이다. 행복을 찾아서 멀리 떠날 필요는 없을 것 같다. 주어진 현실에서 취할 수 있는 이 소소한 것이 진정한 행복이 아닐까. 오늘 하루의 밤도 이렇게 깊어간다.

내 가슴이
잃어버린 것에 대하여

두려움을 향해 달려가는 것이 좋은 해답이 되지 않지만, 두려움 뒤에는 항상 빛나는 보석이 있기에 그것이 꼭 나쁜 해답이라고 말할 수는 없다. 두려움은 악마와 같아서, 별것 아닌 것도 무시무시한 것처럼 민든다. 시간이 지나면 알게 된다. 가장 두려웠던 순간이 가장 소중했다는 사실을 알게 된다.

10

평범한 여행을, 평생의 추억으로 만드는 사소한 차이

다 아는 이야기지만 여행이라는 것은 삶의 일부분이다. 그래서 항상 행복하고 기분 좋은 일로만 채워질 수 없다. 캠핑카로 여행한 지 얼마나 되었는지 기억이 나지 않는다. 그만큼 캠핑카에서 적응하기도 했고, 많이 편해지기도 했다. 캠핑카라는 하나의 공간에서, 우주에서 보름 이상 같이 지내며 서로의 장단점을 공유할 예정이다.

한 번에 10일씩 네 번에 걸쳐 40일을 하는 것과 한 번에 40일을 여행하는 것은 완전히 다르다. 40일을 여행 기간으로 정하면 이민하는 것처럼 집에서 키우는 반려동물은 물론이고, 화초 하나까지도 어떻게 해야 할지 생각해야 한다.

누구나 2~3일은 자신의 깊은 모습을 보이지 않고 살 수 있고, 어떤 사람은 2~3주까지도 가능하다. 하지만 우리에게 그것은 힘들 것이다. 우리는 40일 동안 비행기로 이동하는 며칠을 제외하고는 눈뜨면서부터 잠잘 때까지 주어진 시간 속에서 같이 호흡해야 한다. 아주 특별한 일이 없는 한 주어진 공간에서 피할 수 없는 동고동락을 해야 할 것이다. 그동안 가족이라도 서로를 아는 데 한계가 있었다. 가족들과 함께하는 시간을 통해 서로를 바라본다면, 보이지 않았던 많은 것들을 새롭게 볼 수 있을 것이다. 그것이 정확하게 뭔지는 모르겠다. 모르기 때문에 경험해보려고 시도했다.

사랑을 배우려면
똥부터 치워라

사랑을 배우려면 똥부터 치워라

작은 매형은 우리와 함께 한 지 5년 차로 평범한 직장인이고, 아주 다정한 사람이다. 싹싹하고 자상해서 부모님과 아내인 누나에게 예쁨을 듬뿍 받는다. 큰 매형 역시 평범한 직장인이다. 나를 자주 괴롭혀서 어렸을 때는 참 싫어했었다. 커서 보니 어른들에게 지켜야 할 예의를 알고, 그것을 행동으로써 직접 보여주는 멋진 사람이다. 매형들은 가족과 함께하는 식사 자리에서 항상 분위기 메이커고, 뭐든지 나서서 솔선수범한다. 여행에서도 마찬가지다. 여행 초반부터 매형들은 스스럼없이 먼저 청소하고, 요리하고 운전하고 있다.

나는 막내로서 대부분 일을 함께하고 있다. 불 피울 때 같이 바람을 불었고, 운전할 땐 보조석에 앉아 졸음 괴물이 도

망가도록 같이 이야기를 나눴었다. 캠핑카 안에서 사용한 각종 오수를 정리하는 훅업 작업을 할 땐, 서로의 코를 막아주었다. 그러면서 매형이라는 이름 뒤에 있는 모습을 만날 수 있었다. 다정했던 작은 매형에게는 평소에 보기 어려웠던 고독함과 무뚝뚝함을 가지고 있다는 것을 느꼈다. 반면에 잔소리를 자주 했던 큰 매형에게는 다정함과 세심한 배려를 가지고 있었다는 것을 느꼈다.

오늘은 유난히 잠이 안 온다. 몸은 피곤하지만, 깨어있는 정신을 다독이고자 사전에 '사랑'이라는 단어를 검색해본다. 우리의 조상님도 사랑이라는 단어를 표현하기가 어렵지 않았을까? 순우리말 사전과 한자 사전에 아무리 검색해봐도 사랑에 관한 이야기를 찾을 수가 없다. 알고 보니, 세종대왕이 펴낸 월인석보와 훈몽자회에서 한자 생각 사를 사랑이라고 표현했다고 한다. 널리 알려지지 않아 몰랐을 뿐이었다. 누군가를 생각한다는 뜻으로 쓰였던 사랑은 아끼고 위하며 한없이 베푸는 일과 마음 등으로 다양하게 쓰인다. 그리고 내가 생각하는 사랑은 이해하고 인정하며 함께하는 것이다.

티내지는 않았지만, 여행 중 매형들과 함께하며 만난 낯선 모습에 자주 상처받았다. 그래서 정이 떨어지기도 하고, 실망하기도 했다. 그렇지만, 긴 시간 동안 계속 미워하며 지내기는 어려울 것 같다는 생각이 든다. 동시에 나에게도 이해하기 어려운 모습이 있을 거라고 생각한다. 오늘부터는 가족이기에, 사랑하는 사람이기에 인정하고 이해하는 연습을 시작해보려고 한다. 모든 모습이 잘 맞을 수는 없을 것이다. 하지만 맞지 않는 모습도 있는 그대로 이해하는 사랑은 할 수 있을 것이다. 이것은 이번 여행에서 나에게 아주 큰 걸림돌이자 디딤돌이 될 것이다.

행복해지는 방법
사람에게 배우는,
행복을 모르는

세상에서 놀랄 것들의 대부분은 사람보다는 자연에서 시작된다. 요세미티 국립공원을 나가며 장엄하게 펼쳐진 숲속에 거대한 세쿼이아 나무들을 다시 본다. 역시, 감탄 그 자체다. '저렇게 잘생기고 튼튼한 나무라면 목조 아파트를 지어도 되겠다' 또 그사이에 섞인 소나무들을 보면서 남대문을 복원할 때 이 소나무들을 사용했더라면 소나무 걱정은 할 필요가 없었을 것이라는 생각도 해본다.

가만, 이 세상의 주인은 누구일까? 내가 했던 생각이야말로 지극히 인간 중심적이고 오만한 생각이었다. 천 년을 넘게 한 곳에서 무심하게 버텨온 소나무와 세쿼이아 어르신의 생각은 어떨까. 정답은 알 수 없지만, 사람이 이 지구라는 행성의 주인이라고 우쭐대며 거들먹거리는 자체도 그들에게는 관심의 대상이 아닐 것이다.

숲의 주인인 나무들은 나와 우리 인간을 보고 어떤 생각을 했을까. 하루도 빠짐없이 숲과 나무를 보기 위해 찾아오는 인간이나 나무 밑을 기어 다니는 개미나 별 차이가 없을 거라 생각된다. 세월이 지나면 활동을 멈추고 흙으로 돌아 와 거름이 될 그런 존재들일 뿐. 천 년을 넘게 살아온 숲과 나무의 관점에서 보는 인간이란, 발밑에서 잠시 맴돌다가 숨이 멈추면 거름이 되는 존재 그 이상의 의미가 있을까?

사람의 관점에서 바라본 숲과 나무, 그리고 숲과 나무의 관점에서 바라본 사람 이 사이에는 엄청난 반전이 따른다. 인간은 스스로 이 세상에서 유일하게 글을 쓰고 말을 하는 동물이라고 말한다. 그것이 인간이 다른 동물과 구별되는 본질적인 차이라고 설명한다. 인간은 도구를 이용할 줄 알고, 불을 다룰 수 있는 유일한 동물이기에 우성의 유전자를 가진 세상의 주인이라고 믿는다.

인간은 생각하고, 말하고, 글 쓰고, 감정을 전달할 수 있는 동물이라고 정의하며 스스로 다른 동물과 차별을 하고 있다. 지금까지 교육이라는 것을 통해 인간 중심의 세계관을 의식과 무의식으로 학습해왔다. 사람이 주연 배우이고 나머지는 엑스트라인 세상. 나무는 사람에게 집을 짓고 불을 피우는 도구였고, 불은 음식을 만들고 방을 따뜻하게 만드는 것에 불과했고, 물은 사람이 씻고 마시는 용도에 불과한 것이었다. 그리고 산에 있는 짐승들과 들에 있는 풀들은 사람이 먹기 위해서 만들어진 음식에 불과했다.

틀린 말이 아니다. 인간이 이 세상의 중심이고 주인이라는 관점에서 보면 그것은 정답이다. 하지만 이 세상과 우주가 주인이라고 생각한다면 이야기는 달라진다. 동물과 식물은 각자만의 의사소통을 한다. 불을 사용하지 않고, 어렵게 집을 짓지 않고도 종족을 잘 보존한다. 그들은 따로 마트를 만들어서 시장을 갈 필요도 없으며 휴대전화로 어렵게 상대와 통화를 할 필요도 없다. 심지어 값비싼 명품 옷을 살 필요도 없는 그들. 있는 그대로의 자연을 이용하며 생명체를 잘 유지한다. 추우면 추운 대로 더우면 더운 대로 말이다.

그들은 행복하지 않다. 아니, 행복이 무엇인지 모를 것이다.

그냥 생존이 있고 그것 자체가 의미일 뿐이다. 왜냐하면 행복은 불행의 반대 개념으로 불행의 의미를 알지 못하면 결코 행복을 알 수 없기 때문이다. 한번도 불행해보지 않은 사람이 행복이 무엇인지 알 수 있겠는가. 위대한 자연을 맞이하면서 지금까지 오만했던 인간 중심의 사고를 반성한다. 그리고 나 자신이, 그리고 인간이 그렇게 대단한 존재가 아니라는 사실을 다시 한번 생각하면서 남은 인생을 어떻게 살아야 하는지 질문해본다.

오래전부터 자주 해 왔던 생각 하나가 있다. 이 지구촌에 사람이 하루에 몇 명씩 태어나는가. 그리고 몇 명의 사람이 이 세상을 하루 동안 떠나는가에 대해서 궁금해 왔다. 독자님도 지금 계산기를 꺼내지 말고 한번 맞혀보면 재미있을 것 같다. 우리가 생각하는 것과 많은 차이가 날 것이다.

태어나는 사람과 돌아가는 사람의 수가 같고, 지구 인구가 70억이고, 사람이 평균 70년을 산다고 가정해보자. 1년에 1억 명이 태어나고 떠난다. 1년이 365일이니 1억 명을 365로 나누면 하루에 태어나고 돌아가는 사람의 수가 된다. 그러면, 대충 죽는 사람의 숫자가 하루에 20만 명 정도다. 이것은 매일 한번도 쉬지 않고 휴일도 명절도 없이 반복된다.

하루에 20만 명이 넘는 인간이 자연으로 돌아간다면, 1초에 2명 정도의 사람이 태어나고 죽어간다. 이것이 인간 생명의 현실이다. 그렇다면, 나는 어디에 있는가. 그것의 밖에 있는가. 그중의 한 사람인가. 아쉽다고들 하지만 스티브 잡스도 젊은 나이에 죽었고, 세종대왕이란 분도 돌아가셨고, 내 사촌 동생도 얼마 전에 이 세상을 떠났다.

이처럼 사람은 떠난다. 특별한 이야기가 아니라 당연한 것이다. 그렇기에 우리는 이런 사실을 한번쯤 새기고, 바라봐야 한다. 지금 내가 하는 일을 비롯한 인연, 가치, 분노, 슬픔, 기쁨 이 모든 것들은 따지고 보면 별것 아닐 수 있다. 이것들의 진정한 의미를 알게 될수록 우리는 좀 더 편안하게 살 수 있을 것이다. 동시에 너그러우면서도 집착하지 않으며 배려할 수 있을 것이다. 며칠 동안 뻔뻔스럽게 이 장엄한 세쿼이아 어르신 품 안에서 참 많은 반성을 했다. 이제는 작별을 고한다. 나중에 다시 보자. 요세미티.

"누나는 신이 있다고 믿어?"

"글쎄?"

"만약 신이 있다면, 여기를 조각했을 것 같아"

"자연이 만든 최고의 예술 작품 중 하나가 이곳이 아닐까 싶어"

애니메이션 캐릭터 도라에몽은 작고, 통통한 하늘색 고양이다. 도라에몽 배에 있는 큰 주머니에는 다양한 발명품이 들어 있다. 그중 하나는 '어디로든 문'이다. 도라에몽이 가고 싶은 장소를 정하고, 문을 열어 넘어가면 상상했던 장소가 펼쳐진다.

운전을 못 하는 나. 내심 엄청난 대자연을 보며 운전하는 매형과 아빠가 부러웠다. 그것도 잠시였다. 여행을 시작한 지한참이 지났는데도 시차에 적응하지 못해 항상 출발하고 30분 정도가 지나면 잠들었다. 그런 나에게 캠핑카 문은 도라에몽의 어디로든 문과 같았다. 자고 일어나서 문밖으로 나가면 항상 상상 이상의 풍경과 사람들이 기다리고 있었으니까.

일찍 일어나 다 같이 아침을 먹는다. 간단하게 샤워를 한 후, 평균적으로 3시간에서 5시간을 다른 지역으로 이동한다. 아침에 출발해 점심을 먹을 때쯤 도착한다. 점심을 먹은 후 새롭게 만난 장소를 여행한다. 그렇게 한참을 돌다 보면 하늘은 해질 준비를 하고 있다. 하늘이 어둑어둑해지면 캠핑카로 돌아와 저녁을 먹으며 하루를 정리한다. 우리의 일과다.

캠핑장에서만큼은 평소와 다른 모습을 하고 있었다. 몇 개의 버튼을 통해 시작되는 슬라이드라는 기능으로 캠핑카의 가로 길이는 더 길어졌었다. 그렇게 방의 크기를 두 배로 늘린 후 천막을 펼쳤었고, 트렁크에서 테이블과 의자를 꺼냈었다. 천막 아래는 밥을 먹는 주방과 별을 볼 수 있는 영화관이었다.

오늘 아침에는 천막 아래에서 누룽지와 베이컨을 먹은 후,

간단하게 씻었다. 몇 명은 캠핑카 안에 있는 화장실을 썼고, 몇 명은 캠핑장 샤워실을 이용했다. 평소였다면, 다음 장소로 빠르게 이동을 해야 했다. 오늘따라 아쉬운 마음이 한가득이었다. "딱 1시간만"

커피와 맥주 한 잔을 마시며 순간을 음미하기로 했다. "엄마, 에릭센이 말한 거 기억나? 발달심리학에서 엄마가 되는 것이 왜 성장 과정인지 이야기했잖아. 이삐가 커가면서 내 내면도 같이 크고 있는 것 같아. 미국에 와서 이삐랑 둘이서 놀다 보면, 예전에는 보지 못했던 독립적이고 당당한 모습을 보게 되거든. 나도 볼 때마다 깜짝깜짝 놀라" 작은누나는 옆에 앉아 있는 엄마에게 말했다. 나는 옆에서 둘의 대화를 듣고 있다.

우리가 나눈 수많은 대화의 주제 중 가장 인기 많았던 친구는 심리학이었다. 누나와 엄마는 학교에 다니고 있다. 두 사람 다 이미 대학을 졸업했지만, 사이버대학에 입학해 다시 공부를 시작했다. 누나는 딸 이삐를 잘 키우기 위해 공부를 시작했고, 엄마는 자기 자신과 사람에 대해 더 이해하고 싶어서 심리 상담 공부를 시작했다. 누나와 엄마는 평소에도 학교에서 배운 내용을 자기 자신 혹은 우리 가족을 예로 들어 이야기를 자주 나눈다.

어떻게 보면 지루할 수 있는 이 이야기를 좋아할 수 있었던 건, 일 년 전 걸렸던 공황장애 덕분이다. 18살 때, 내가 원하는 것을 배우며 자유롭게 살고 싶어 고등학교를 자퇴했다. 그러나 자퇴 후 2달이 지나 스트레스로 공황 장애 진단을 받았었다. 그때의 고통을 이전 책에서는 '죽음의 절벽으로 밀어붙이는 괴물'이라고 비유했었다.

상상해보자. 누군가가 옆에서 놀라게 하면 우리는 양손을 꽉 움켜지고, 가슴 쪽으로 붙인다. 그리고 소리를 지른다. "으악" 동시에 온몸은 잔뜩 움츠러들며 긴장하고, 심장은 미친 듯이 빨리 뛴다. 그 이유는 위험이라고 생각되는 것으로부터 나를 지키려는 몸의 자동적 반응 때문이다. 이 반응은 매우 정상적인 것으로 반드시 필요하다. 하지만 필요 이상으로 반응의 횟수가 많아지면 괴로워진다.

나와 같은 공황장애 환자는 심한 스트레스를 비롯한 다양한 원인으로 누군가가 놀랠 때 생기는 몸의 변화를 공황 발작이라는 이름으로 하루에도 몇 번씩 겪는다. 그래서 나는 미국 여행을 시작하기 전, 고민했었다. 진지하게 미국 여행을 가고 싶지 않았기 때문이다. 미국에서 공황 발작이 찾아오면 나 자신이 어떻게 변해버릴지 몰랐고, 캠핑카를 타고 대자연의 중심으로 가면 나를 도와줄 병원도 없을 것이라고 생각했다.

다행이면서도 당연하게도 내가 걱정한 일 중 현실이 된 것은 하나도 없었다. 이것들을 비롯해 별의별 상상들은 충분히 일어날 수 있는 일이었다. 하지만 객관적으로 바라보면 충분히 현실적이지 못한 일들이었다. 나아진 지금에서야 생각해보면 말도 안 되는 걱정이었지만, 그때는 이것이 내 삶에서 가장 중요한 문제였다.

"1년 전 공황장애에 괴로워하던 때로 다시 돌아가시겠습니까?"라고 누군가가 질문한다면, "언제든지 다시 돌아갈 수 있다"라고 말할 수 있다. 조금은 모순일 수 있지만, 나는 당당하게 그렇게 답할 수 있다. 왜냐하면 나는 공황장애를 통해 더 성숙해지고 깊어질 수 있었기 때문이다.

이것에 대해 자세히 이야기하기 위해서는 새로운 주제로 책 한 권을 더 써야 한다. 간단하게 하나만 고르자면, 나에 대한 탐구와 이해를 고를 수 있다. 공포 영화는 있지만, 불안 영화가 없는 이유는 공포와 달리 불안은 실체가 없기 때문이다. 그런데 왜 불안 때문에 힘들어할까? 실체가 없는 불안에 무서워하는 이유는 실체가 있다고 믿는 생각 때문이다. 그래서 나는 내 생각이 어떻게 만들어지고, 어떻게 나를 괴롭히는지 알아야 했다. 수많은 생각들 때문에 별것 아닌 일로 괴로워하고 있었다. 처음에는 나만 이상한 사람인 것 같았다. 꾸준히 괴로운 과정을 경험하며 오류 많은 생각들을 바꿔나갔다. 그렇게 나의 모습들을 이해하고 사랑하기 시작했다. 시간이 지나고 나니 공황장애를 치료하는 과정은 나를 온전히 바라볼 수 있는 반듯한 거울을 찾는 것과 같았다.

우리의 깊은 내면은 생각을 바탕으로 감정을 외면으로 표현한다. 그렇기 때문에 자기 자신에 대해 잘 모른다면, 감정에 휘둘리고 작은 것에도 두려워하기 쉽다. 우리의 감정은 미술관에 전시된 작품과 같다. 관심과 배경지식이 없는 사람이 미술관에 가면 뭐가 무엇인지 몰라 지루하기만 하다. 반면에 배경지식을 가지고, 의미를 느낄 수 있는 사람에게는 미술관은 신나는 놀이터다. 아무 생각 없이 미술 작품을 볼 때와 생각하며 볼 때는 분명한 차이가 있는 것처럼 감정도 보는 관점에 따라 느낄 수 있는 것이 완전히 다르다. 감정은 휩쓸리는 게 아니라 이롭게 이용하는 것이다. 우리는 우리의 예술을 이해할 필요가 있다. 아름답고 고귀한 감정은 내가 생각하는 가장 이해하기 쉬운 예술이다.

14

바꾸는 법
걸림돌을 디딤돌로

걸림돌이 이곳저곳에서 우리의 의지를 방해하려 노력했다. 큰누나는 퇴직하고 쉬는 중이었다. 그때 다른 회사에서 좋은 조건의 취직 제안이 들어와서 고민했다. 큰 매형은 회사에서 장기 휴가는 안 된다는 통보를 받아 고민했다. 작은 매형은 다행히 육아 휴직 중이었지만, 친가 어른들의 걱정으로 인한 반대로 힘들어했다. 나 또한 공황장애가 있어 장거리 비행과 장기간 여행을 두려워했었고, 엄마는 당뇨병과 약한 체력 문제로 고민했었다. 이 여행을 처음부터 이끈 아빠 역시 장기간 회사를 비운다는 것에 대한 부담감을 가졌다.

술을 마시지 않는 날은 우리보다 항상 3시간 정도 빨리 일어났다. 여러 곳을 이동해 시차가 항상 달랐지만, 평균적으로 이곳에서의 새벽 시간은 한국에서의 오전 시간이었다. 그렇기에 아빠는 새벽에 먼저 일어나 온라인으로 직원들과 소통하고, 회사를 관리하셨다. 그 외에도 관리해야 할 것이 한 가지 더 있었다. 엄마의 인슐린 약이다. 자주 이동을 하다 보니 엄마의 당을 관리해 주는 인슐린 약을 냉장 상태로 계속 보관하기가 어려웠다. 다행히 매형들이 잘 도와줘 어렵지 않게 관리할 수 있었다.

어리다는 표현도 어울리지 않는 이쁘는 얼마나 힘들었을까. 우리도 피곤하고 지쳤는데 말이다. 안전상의 이유로 일정 나이 이하로는 아이에게 비행기 자리를 주지 않고, 보호자와 같은 자리에 앉는 것을 권유한다. 나이가 어리다는 이유로 총 50시간의 비행하는 동안 혼자만의 자리를 가질 수 없었다. 이쁘도 힘들고, 이쁘 가족도 불편한 비행을 계속했다. 매우 불편하게 왔지만, 충분히 그럴 만했다고 생각한다. 우리가 피곤하고 날카로운 상황이 되었을 때, 이쁘의 애교는 큰 힘이 되었다. 중간중간에 따뜻한 웃음이 없었다면, 이렇게까지 행복하게 여행할 수 없었을 것이다.

큰 매형과 큰누나가 함께할 수 있었던 건 정말 행운이었다.

큰누나와 큰 매형은 휴식을 하며 자신이 원하는 일을 하기 위해 퇴직하고 새로운 일을 준비하고 있었다. 그리고 여행을 시작할 때에는 준비를 마치고 새로운 일을 시작하려고 했었다. 그럼에도 큰 매형과 큰누나는 기회는 언제든지 있고, 가장 소중한 것을 골라야 한다며 미국 여행을 결정했다. 큰누나는 한국에 돌아온 뒤, 다시 취직해서 자신이 좋아하는 일을 함께하고 있고, 큰 매형도 다시 자신의 인생을 위해 회사에 취직해 지내고 있다.

나 역시도 걸림돌이 있었다. 공황장애라는 걸림돌이 있었지만 이번 여행을 통해 조금 더 강해지고 싶었다. 약 없이 나 혼자서도 인생을 즐기며 살 수 있다는 것을 나 자신에게 증명하고 싶었다. 약 없이 40일 동안 여행한다는 건 쉬운 일이 아니었다. 고생 끝에 달달한 보상이 오는 게 고진감래라더라. 온전한 나로서 불안과 부딪히는 연습 덕분에 현재 약 없이 공황장애와 함께 행복하게 지내고 있다.

지나온 날들만 바라봐도 그렇다. 인생의 모든 순간은 행복한 나날의 연속이었다. 그럼에도 나의 인생을 천천히 살펴보면, 모든 날 모든 순간이 행복했던 것은 아니었다. 행복했었던 날보다 슬펐었고, 힘들었고, 울부짖은 날들이 더 많았다.

　위기와 기회는 같이 찾아온다는 말처럼 걸림돌과 디딤돌 두 단어는 같은 의미를 지닌다. 디딤돌도 잘못 사용하면 걸림돌이 되고, 걸림돌도 잘 사용하면 디딤돌이 되기에 반대되는 것이 같은 의미로 쓰인다. 한국에서는 태평양이 동쪽에 있다고 말하고, 미국에서는 태평양이 서쪽에 있다고 말한다. 모든 것은 보는 사람의 관점에 따라 달라진다. 그렇기에 우리 인생의 훼방꾼인 뾰족한 걸림돌도 조금 다른 각도로 보면 나를 한 단계 성숙하게 만들어주는 디딤돌이 되기도 한다.

　각자의 어려움이 있었지만, 그럼에도 함께했다. 이번 여행을 통해 무엇이든 생각하기 나름이며, 우리는 생각보다 강하고 끈질긴 사람이었다는 것을 알 수 있었다. 앞으로 가능하다면 내 앞에 놓인 걸림돌을 한 발자국 뒤로 물러서서 보려 한다. 그리고 웃으며 여유롭게 쳐다볼 것이다. 걸림돌인지, 디딤돌인지도 모르면서 지레 무서워하기엔 인생이 너무 짧기에.

15

어른은 되지 말 것

나이는 먹어도,

'H mart' 가능할 때마다 한인 마트에 가기 위해 노력한다. 항상 영수증을 30cm 이상으로 만들었다. 라면, 김, 흰쌀밥, 고기, 김치라는 글씨가 적혀있었다. 시간이 지나면서 우리는 더 큰 꿈을 꾸기 시작했다. 닭발, 닭똥집과 같은 야식을 꿈꿨다.

꿈이 이루어졌다. 냉동 창고에서 큰누나가 닭발과 닭똥집을 가지고 온다. 오늘 저녁에 맥주랑 같이 먹자면서 말이다. 닭발, 닭똥집과 함께 달려서인지 캠핑장에 더 일찍 도착한 것 같다. 캠핑장 입구에 도착하자마자 나는 차에서 내렸다. 예약 확인서를 들고, 관리사무소에 가서 체크인했다. 그 후 주차할 공간이자 잠잘 공간인 캠프 사이트로 우리 캠핑카를 인도한다. 앞뒤에서 공간을 확인하며 주차를 끝냈다.

버튼을 눌러서 캠핑카를 크게 만들고, 천막도 친다. 트렁크에서 식탁과 의자를 꺼낸 후 주방에서는 저녁 준비를, 밖에서는 고기를 구울 준비를 한다. 싼데 맛있다. 매일 저녁 고기를 먹은 덕분에 다들 볼살이 포동포동하다. 작은누나가 말한다. "닭똥집 먹을까?" 살이 찌는 데는 다 이유가 있다. 모두가 동의하고 작은누나는 주방으로 향한다.

5분이 지나자 주방에서 갑자기 비명이 들려온다. 닭똥집에서 거품이 나고 있다. "이게 뭐야!" 엄마는 잘못 사 온 게 아니냐고 외친다. 작은 매형과 아빠는 뒤에서 웃고 있다. 닭똥집을 익히기 위해 올리브유를 프라이팬에 둘러야 했는데, 실수로 설거지할 때 쓰는 퐁퐁을 쓴 것이다. 거기에 불을 올리고 젓가락으로 볶는데 거품이 안 날 수가 있나.

16

행복해지는 방법
세상에서 가장
사람에게 배우는
행복을 모르는

이국에서의 낯섦 때문이라기보다는 맑은 공기에 충분한 산소가 있어서 어제 마신 술이 금방 깨버린 것 같다. 가족들의 잠을 방해하지 않기 위해 조용히 밖으로 나와 모닥불을 피운다. 한마디로 침묵의 시간이다. 세상은 아직 아침을 맞이할 준비를 하지 않고 있고, 나는 새벽 담배를 피우며 아침을 시작한다.

2년 전부터 담배를 많이 줄였다. 하지만 이번 여행을 통해서 담배 실력이 다시 늘었다. 담배 연기를 따라 지난 50년을 반추해본다. 뜬금없이 지난 세월을 생각해보는 것은 약간 어색할 수 있는 일이기도 하지만, 이런 기회를 통해서 자연스럽게 그런 기회를 얻게 된다. 이것이 자유로운 나그네가 된 자만이 느낄 수 있는 사치 중 큰 하나가 아닐까.

우리가 이렇게 열심히 살아가는 이유는 무엇일까? 그 이유가 무엇인가에 대해서 생각할 겨를도 없이 주어진 일상의 문제를 해결하기 위해 어제를 살아왔고, 오늘도 살아가고 있다. 그리고 아직 오지 않은 수많은 내일도 또 그렇게 살아가야 할 것이다. 할 수 있다면 내가 어디에 있는지, 어디서 왔는지 또 어디로 가고 있는지에 대해서 생각할 여유를 가지고 살면 좋을 것 같다.

그렇게 살 수 있으면 참 좋을 텐데, 이 험난한 세상이 그것을 허락하지 않고 있다. 아버지가 그렇게 살다가 가셨고 나 또한 특별한 이변이 없는 한 그렇게 살아가는 것이 주어진 숙명이 아니겠냐고 생각해본다. 대다수가 그렇게 살아왔고 또 그렇게 살고 있지만, 그것이 정답은 아니다. 우리는 정답을 모르거나 혹은 정답을 알더라도 그것을 실행할 능력이 부족해서 그렇게 사는 것뿐이다. 이번 기회를 통해서 평소에 고민해왔던 것들을 가능하다면 3자의 관점에서 생각해보고 냉정한 판단을 해보고 싶다. 고민을 통해 조금이나마 나아진 나를 만들 수 있도록 말이다.

1시간 정도 지나자 해가 뜨기 시작했다. 아직 가족들은 단잠에 빠져있다. 홀로 간단하게 아침 준비를 시작해본다. 이번 여행에서는 정말이지 주어진 하루에 최선을 다하려고 애쓰고 있다. 그런데 며칠 전부터 조바심이 생기기 시작했다. 여행하면서 계획한 일정들이 생각보다 많이 어긋난 탓이다. 오늘 하루 여정을 공치는 것이 아닐까? 비싼 돈 주고 어렵게 온 여행인데. 빈둥빈둥 일정 없이 하루를 보낸다는 것이 불안하고 초조하기도 하다.

"나 하늘로 돌아가리라. 새벽빛 와닿으면 스러지는 이슬 더불어 손잡고, 나 하늘로 돌아가리라. 노을빛 함께 단둘이서 기슭에서 놀다가 구름 손짓하면은, 나 하늘로 돌아가리라. 아름다운 이 세상 소풍 끝내는 날 가서, 아름다웠다고 말하리라" 천상병 시인이 인생을 소풍에 비유한 것을 좋아한다.

인생이나 여행이나 주어진 어떠한 것들이든 공통으로 적용되는 말인 것 같다. 일상에서도 여행에서와같이 이런 생각과 행동으로 살아가면 어떨까? 다람쥐 쳇바퀴처럼 돌아가는 특별할 것 없는 일상일지라도, 작고 소소한 그 무엇 하나라도 찾으려고 노력하면서 살아가야겠다. 주어진 하루가 새로운 것들을 만나고 접하는 시간으로 메워질 때 우리는 더 행복하게 성장해 나간다. 지금까지 경험하지 못한 그 무엇 하나라도 경험하는 오늘 하루를 살아갈 수 있다면 엄청난 성과다. 다음에 장기 여행을 준비할 때는 1주일에 한 번 정도는 일정 없이 휴식하는 날을 잡는 것이 좋을 것 같다.

여행의 중반부에 접어들면서 여행이 일상이 되고, 일정이 없는 날이 여행처럼 특별해지는 날로 느껴진다. 일상을 여행처럼 그리고 여행을 일상처럼 유연하게 맞이하는 자세를 배우고 있다. 태어나서 인생이라는 100년 정도의 여행을 허락받고 이 세상에 왔다. 크게 보면 지구라는 낯선 별로의 여행이다. 나는 그 여정의 절반을 마쳤다. 이렇게 소중한 하루를 헛되고 무의미하게 보내지 않고, 애쓰면서 살아갈 생각이다.

매형이 달라졌습니다 — 대기업을 나온

매형이 달라졌습니다 — 대기업을 나온

17

2019.4.29

작은누나 : 뭐가 제일 행복했어?

작은 매형 : 세 번의 행복을 느꼈어. 매 순간 기분 좋은 건 당연했구. 첫 번째는 점심 준비할 때, 두 번째는 다 같이 산책할 때, 마지막으로는 머릿속에 잡념이 없을 때.

아빠 : 근데 표정이 왜 그래?

작은 매형 : 네?

아빠 : 하나도 안 행복해 보이던데?

작은 매형 : 진짜요? 이건 제대로 말씀해 주셔야 돼요. 큰일이잖아요. 저는 엄청 행복했는데 남들이 보기엔 슬퍼 보이면. 아버님, 진짜예요? (웃음)

2019.4.30

작은 매형 : 오늘 아침에 캠핑장 샤워실에서 씻고 왔거든. 돌아오는 길에 산책을 안 하면 너무 아쉬울 것 같아서 30분 정도 걸었어. 정말 아무 생각이 안 나고, 보이는 것들을 있는 그대로 음미하게 되더라고. 서울에 있으면 사람도 많고, 휴대전화 때문에 아무 생각을 안 하려고 해도 쉽지 않잖아. 그런데 여기 오니까 그게 되더라.

작은누나 : 맞아. 여긴 걷기만 해도 좋아. 진짜 행복이 멀리 있지 않더라고. 그동안 여행을 많이 다녔잖아. 친구랑 유럽 배낭여행도 다녀오구. 어제 자기 전에 누워서 생각해봤어. 여행이 왜 좋을까. 그게 뭐라고 그렇게 돌아다녔을까.

작은 매형 : 뭔데?

작은누나 : 여행을 좋아하는 이유는 현재에 집중할 수 있기 때문이라는 생각이 들었어. 애초에 즐기기 위해서 오고, 오감이 새로운 것들에 집중하기 때문에 걱정하며 슬퍼할 시간이 없는 거지.

큰누나 : 오 인정 인정. 보통 우리가 여행 가면 길어봤자 일주일 안팎이잖아. 보통은 즐겁고 설레고 힘들 때쯤 집에 가는데, 이번 여행은 즐겁고 설레다 힘들어서 너덜너덜해질 때 끝나잖아. 앞으로 우리의 여행이 어떤 파형을 그릴지 아주 기대가 돼.

2019.5.4

작은누나 : 언니 생일 축하해!

큰 매형 : 름아 생일 축하해~

작은누나 : 언니 생일인데 내가 더 신나. 미국에서 생일을 맞이한다는 것도 부럽고, 나는 항상 갈증이 있었거든.

준 : 물 줄까?

작은누나 : 여태까지 여러 여행을 갔어도, 그 순간을 가족들과 함께할 수 없다는 생각이 들어서 정말 아쉬웠어. 그런데 엄청난 풍경 아래에서 우리가 다 같이 있으니까 너무 좋아. 아 진짜 이 먼 곳에서 함께할 수 있다는 게 너무 낭만적이야.

조건 없는 사람들 디즈니랜드에서 만난

18

　할아버지부터 손녀, 설레는 마음으로 손에 손잡고 디즈니랜드로 가고 있다. 우리는 귀여운 미키 마우스 머리띠를 썼다. 그런데 큰 매형이 이상하다. 두리안보다 더 깊은 방귀 냄새를 풀풀 풍기더니 화장실로 뛰어간다. 큰 매형이 깊은 냄새와 이별을 할 동안 우리는 디즈니랜드 입구 앞에 앉아있기로 한다.

　우리는 그 자리에서 다양한 사람들을 봤다. 그들은 뚱뚱하더라도, 마르더라도 있는 그대로의 모습을 드러냈다. 존재 자체만으로 참 멋있었다. 몇 명을 제외하고는 그 누구도 그들을 쳐다보지 않았다. 그 몇 명의 머리 위에는 귀여운 미키 마우스가 있었다.

발밑에 놓인 계단이 벽처럼
높게 느껴진다면

〜〜〜

계단은 앞에서 보면 벽들의 연속에 지나지 않지만, 위에서 계단을 바라보면 하나의 아름다운 길로 변한다. 우리가 인생을 살며 만나는 벽은 아름다운 길의 일부일 뿐이다. '계단'을 뒤집으면 '단계'가 되는 것처럼 생각을 뒤집으면 다소 힘들고 어려운 우리의 인생도 아름다운 길이자 내가 사랑하는 것들로 향하는 단계가 된다.

19

질리는 이유
캐니언이 단 5분 만에
9억 년 동안 존재했던

가끔은 비현실적인 풍경에 내가 영화 속 주인공이 아닐까 하는 착각을 하기도 한다. 내가 알고 있는 유명한 것의 대부분이 미국에 있었다는 것을 이곳에 와서야 온몸으로 느낀다. '이것도 미국에 있었구나' 미국에는 유명한 게 참 많다. 유명한 명소에는 당연하다는 듯이 사람들이 넘쳐흐른다.

쌓여가는 행복과 추억에 마음은 한껏 풍성해지고 있었고, 그 마음을 예쁘게 포장한 명소는 서부 캠핑카 여행에서 만난 그랜드 캐니언이다. 캐니언에 들어가기 전, 요금소에서 돈을 내야 했다. 돈을 내고 만난 도로에는 오르막길뿐이었다. 오르막길을 지나자 그랜드 캐니언이 보였다. 바로 차를 멈추고 내렸다. "우와" 감탄 외에 그 어떤 말도 할 수가 없었다. 밝은 갈

색의 협곡이 다양한 높이로 자신의 깊이를 뽐내고 있었다. 하늘은 파랗고, 구름은 평소보다 훨씬 더 컸다. 그래서 힘들게 한마디 더 했다. "매형 출발해요"

캐니언 국립공원을 관통하는 도로의 길이는 약 450km로 서울에서 부산까지 가는 거리보다 더 길다. 그래서 입구의 요금소를 지나더라도 한참을 더 가야 캐니언 트레킹 코스로 갈 수 있다. 더 가까이서 자세히 보고 싶은 마음에 작은 매형을 재촉했다.

'환호하는 사람들. 몇 명은 다리에 걸터앉아 있고, 몇 명은 카메라를 든 채 입을 다물지 못하고 있다' 교과서에서 봤던 그랜드 캐니언의 모습이 바로 내 눈앞에 있다. 나는 그렇게 교과서 위를 걷는다. 상상할 수 없는 크기에 표현할 수 없는 압도감을 느낀다. 보면서도 "여기 지구가 맞는거죠?"라고 큰 매형에게 계속 되물었다.

상상 속 존재하는 장소가 아니었다. 그래서 보는 내내 실감이 안 났다. 내가 그랜드 캐니언 앞에서 가족들과 장난을 치며 산책한다는 것 자체가 신기했다. 이곳 근처에 있는 후버댐

준공식에 참석했던 루스벨트 대통령은 댐을 보며 "나는 왔고, 나는 봤고, 나는 정복당했다"라고 말했다. 며칠 뒤 후버댐을 걸으며 나는 돌에 선명하게 새겨진 이 말을 봤다. 내가 그랜드 캐니언을 보며 느낀 감정과 루스벨트 대통령이 이곳에서 느낀 감정은 비슷했을 것 같다.

　그랜드 캐니언은 5분 캐니언이라고 놀림 받곤 한다. 처음 봤을 때 5분 정도는 멋있고 웅장하지만, 익숙해지고 나면 금방 지루해진단다. 나도 그렇게 생각한다. 캐니언은 정말 5분 캐니언이다. 처음 봤을 때는 캐니언에 감탄을 표현한다. 그러나 그 감탄은 그리 오래가지 못한다. 컴퓨터 바탕화면에서 자주 봤던 앤텔롭흐 캐니언과 병풍 같았던 자이언 캐니언 그리고 영화 〈포레스트 검프〉속 명장면을 함께했던 모뉴먼트 밸리. 모든 캐니언들이 마찬가지였다. 하지만 그 5분은 캐니언으로 떠나기에 충분한 이유가 된다. 5분의, 5분에 의한, 5분을 위한. 나는 기회가 된다면, 언제라도 또다시 떠날 생각이다.

20

아무리 부딪혀도 부서지지 않는 캠핑카

새벽부터 일어나 라스베이거스로 출발한다. 바쁘게 짐을 정리하느라 정신이 하나도 없다. 혼란의 연속이다. 이틀 전, 그랜드 캐니언을 방문했었을 때 우리는 빠르게 캠핑카를 주차하고 캐니언 구경에 나섰었다. 2시간 정도를 걸어서 구경하는 트레킹 코스를 선택하고, 구경하고 돌아오는 길에는 공원 셔틀버스를 타고 오기로 하고 출발했었다.

사람이 많아 다 같이 트레킹을 하기가 어려웠다. 선발팀, 후발팀. 두 팀으로 나뉘어 한 시간 정도 구경하고 종점에서 만나기로 약속했다. 후발팀은 이뻐와 함께 천천히 걸어서 이동했다. 선발팀은 종점으로 가던 중 갈림길을 만났다. 피곤함에 갈림길을 따라가고 싶었지만, '그래도 약속은 지켜야지'라는 생각에 갈림길을 지나 종점으로 향했다. 반대로 후발팀은 선발팀이 피곤함에 갈림길에서 빠져 캠핑카로 갔을 것으로 예상했다.

그랜드 캐니언에 들어오면서 알 수 없는 이유로 우리는 휴대전화 통신을 잡을 수 없었다. 그렇게 악몽의 생이별이 시작되었다. 캠핑카에서 가만히 있어야 할까. 그들을 찾으러 나서야 할까. 이 넓은 곳에서 미아 방송을 할 수 없는 노릇이었다. 서로서로 다른 곳에서 기다리는 숨 막히는 상황에서 하늘은 어두워지고 있었다. 나와 함께 후발팀에 속해있던 둘째 딸과 이쁘는 캠핑카를 지키고, 나는 저녁을 준비하기로 했다. 그리고 아들과 둘째 사위는 셔틀버스를 타고 약속 장소인 종점으로 가기로 했다.

다행이었다. 오후 시간을 모두 소비하는 우여곡절 끝에 캠핑카에서 눈물 젖은 상봉을 하게 되었다. 그것도 잠시, 다시 만난 반가움은 서로에 대한 질책으로 변해 상대 팀을 공격하곤 했다.

다음 날이 밝았고, 라스베이거스로 출발할 예정이다. 라스베이거스에서 이틀을 머물고, 뉴욕으로 넘어가는 계획이다. 그러나 방금, 안 좋은 소식을 들었다. 비행기 예약 문제로 라스베이거스에서 하루를 더 묵게 돼버린 것이다. 사전에 비행기 예약을 하지 않고 즉석에서 예매하려다 이렇게 됐다. 어제저녁에 둘째 딸이 신랑에게 뉴욕 가는 비행기 표를 예매하라고 했는데도 말이다. 국내선은 항상 자리가 충분하다며 방심한 결과로 소중한 하루를 날리게 됐다. 일정이 무산되고 흐트러지면서 모두가 당황했다. 목구멍까지 올라온 삐뚤어진 글자들을 다시 집어넣는다. 화가 나지만, 표현하지는 않는다. 다만, 스스로 속삭인다. '왜 고집을 피워서 일정을 망가트리는가'

라스베이거스

카지노에서

취해서 그런가..

마약에

21

내비게이션을 찍는 일은 그 무엇보다도 중요하다. 한 번은 나의 실수로 3,000km 떨어진 곳에 고립당할 뻔했었다. 오늘은 라스베이거스로 향하는 6시간 길이의 도로와 함께한다. 멀고, 험난한 길의 중간 정도 온 것 같다. 캠핑카는 보통 큰 픽업트럭을 고쳐서 만든다. 그렇기에 효과는 좋지만 효율은 좋지 않다. 특히 운전석과 보조석은 뜨거워지는 엔진에 에어컨이 무색할 정도로 차 안 온도는 빠르게 올라간다.

캠핑카는 인간과 참 많이 닮아있다. 존재한다는 것만으로도 고통 그 자체다. 가만히 서 있어도 힘겨운 친구인데, 80km 이상을 달리니 평지에서도 에어컨을 꺼야 한다. 밖은 30도가 넘는데 말이다. 지옥이다. 게다가 바람에 약한 구조인 캠핑카. 앞뒤

105

길이가 일반 자동차 2개를 합친 것보다 길고, 좌우 넓이는 3m가 조금 넘는다. 그 덕에 바람을 있는 그대로 받아 속도를 쉽게 내지 못한다. 심지어 옆으로 불어오는 바람은 온몸으로 받아들여 핸들을 왼쪽으로 30도 꺾어도 오른쪽으로 차가 밀린다.

사막의 후덥지근한 공기가 금세 목 깊은 곳까지 파고든다. 중간중간 작은 소도시가 보인다. 목적지에 다가올수록 만나는 도시의 규모와 화려함은 커진다. 금빛 건물과 높고 빽빽한 건물. 우리가 라스베이거스에 다 왔다는 것을 느낀다. 12시가 조금 넘어서 라스베이거스에 도착했다. 캠핑카 중에서도 가장 큰 크기에 속하는 우리 차가 창문을 연 채 큰 소리로 노래를 틀자 사람들은 스포츠카 보듯 시선을 건넨다.

기대가 많아서였을까. 사람들의 옷차림이 많이 가벼워진 것 그것 외에는 특별한 느낌을 받을 수가 없다. 생각보다 재미없다는 나의 착각은 그리 오래가지 않았다. 밤이 되면서 와르르 무너졌다. 재밌거나 특별한 곳을 찾기가 어려워 관광지로 느껴지지 않았던 라스베이거스는 밤이 되면서 180도 변했다. 길을 걸을 때 풍기는 마약 냄새는 점점 더 강해졌고, 사람들은 낮보다 더 자유로워졌다. 흥과 흥분으로 가득한 거리는 무엇이든 할 수 있는 곳이 됐다.

노을이 찾아오면서, 〈My heart will go on〉과 함께 춤추는 분수를 보고있다. 감동적이다. 큰 분수가 하나가 되어 움직이는 모습, 분수 뒤 영화처럼 보이는 숙소, 시끄러운 카지노로 가득 찬 라스베이거스 한가운데에서 펼쳐지는 비이상적인 아름다움이 엄청난 감동을 만든다. 분수 쇼를 보고 숙소로 돌아가는 길 우리는 깊은 사랑을 나누는 장면, 마약을 하는 장면, 길바닥에 누워 자는 장면, 술 먹고 소리 지르는 장면이 곳곳에서 펼쳐지고 있다. 이게 라스베이거스구나 싶다. 낮에는 평화롭고 지루한 도시. 밤에는 세상의 모든 것을 다 가지고 있는 화려한 도시. 라스베이거스에 흠뻑 빠져든다.

다양한 모습이 담겨있는 라스베이거스를 보니, 다양한 모습을 만나며 혼란스러워하는 내가 떠올랐다. 세상을 더 나은 방향으로 바꾸고 싶다는 꿈과 작가로서 좋은 영향력을 나눈다는 목표를 위해 책을 쓰면서부터 혼란은 시작되었다. 새로운 사람들을 만나면서 내 안의 새로운 모습을 만나게 된 것이다. 조용한 사람, 리액션 좋은 사람, 부끄러움이 많은 사람, 존경받는 사람, 관심조차 못 받는 사람. 다양한 모습을 만나며 무엇이 진짜 나인가라는 질문으로 혼란스러워했었다.

"너 나랑 닮았다" 만남과 대화를 통해 비슷한 성향의 사람을 본 적은 있었지만, 내가 살던 곳이 아닌 다른 곳을 여행하며 만난 도시로부터 동질감을 느낀 것은 처음이다. 때론 웃기며 때론 진지한 사람. 화려해 보이는 모습 뒤에 아무 생각 없고, 더럽고 나약한 삶을 즐기는 사람. 그리고 그런 도시.

새로운 환경에 적응하며 만난 다양한 모습에 혼란을 겪었던 나는 "이게 가식일까?"라고 생각하며 자신을 부정하곤 했었다. 그러나 이제는 다양한 모습을 인정하기 시작했다. 그 배경에는 라스베이거스가 있다. 그 누구도 무료한 낮은 라스베이거스가 아니고, 화려한 밤만이 라스베이거스라고 말하지 않는다. 그 사실이 다양한 모습은 전부 나라는 사실을 말해주었다.

인간은 수많은 가면을 가지고 산다. 동시에 매 순간 새로운 가면을 만들어내는 유기체다. 오랜 시간 동안 가면이 나에게 얼마나 익숙하냐는 것으로 나를 정의했다. 몹시 괴로웠다. 하지만 좋은 계기를 만나 그것을 멈추고, 진정한 나로서 사는 데 도움받게 되었다. 역시, 인생 참 재밌다. 라스베이거스에게 고마워할 일이 생길 거라고 생각조차 안 했는데 말이다.

돈을 아무리 많이 벌어도 공허할 수밖에 없다?

　오늘은 한국 시간으로 엄마와 아빠가 각자의 이름 대신에 부모님이라는 이름을 가지게 된 지 32년째, 30년째, 19년째가 되는 날이다. 오늘이 돈을 제일 많이 쓴 날이 아닐까 싶다. 기념을 위해서, 휴식을 위해서 라스베이거스에서 가장 비싼 호텔로 왔다. 어버이날을 맞아 좋은 곳에 누워, 예쁜 것들을 보며 호텔 안에서 저녁을 먹고 있다. 미리 준비해둔 영상 편지도 보고, 사진도 찍고. 가족들과 이렇게 함께할 수 있다는 게 정말 행복하다.

　이런 생각을 해본다. '돈이 정말 많아져서 이곳에 혼자 다시 오게 된다면 행복할까?' 기분 나쁜 것은 없겠지만, 좋을 것도 없겠다는 생각이 든다. 나의 행복은 돈에서 시작된 게 아니라 함께할 수 있는 사람이 존재한다는 것에서 시작되었다. '사람과 사랑 없는 사람이 되지 않으면 좋겠다. 사람에 대한 소중함을 잊지 않으면 좋겠다. 낭만 없는 사람이 되지 말아야지'라고 일기에 적는다.

오늘따라 엄마와 아빠의 웃음이 사랑스러워 보인다. 큰누나와 작은누나는 왠지 더 예뻐 보이고, 매형들은 머리를 잘라서 그런지 나보다 더 어려 보인다. 가끔은 사람은 우주만큼이나 복잡하고, 넓다고 생각하곤 한다. 지금 우리는 미국이라는 곳에서 서로의 우주, 그러니까 8개의 우주를 여행하고 있는 게 아닐까?

23

할아버지의 비밀

많이 버리는

많이 채우기 위해

'고생 많았다 해득아' 서부 캠핑카에서의 시간이 막을 내리기 시작했다. 동부로 가기 위해 준비한다. 그동안 캠핑카 생활을 하면서 한국에서 출발할 때보다도 더 많은 짐을 만들었다. 사연 없는 것이 없고 이유 없이 곁에 와 있는 물건이 없다. 이러다 보니 짐을 챙기는데 엄청난 에너지가 소비된다. 고민 끝에 가방에서 버릴 수 있는 것부터 정리하기 시작한다. 우선은 한국에서 가져온 누룽지와 한인 마트에서 산 라면을 버린다.

집사람한테 들켰다. "아직 배가 덜 고팠네. 이 아까운 걸 왜 버려"라고 훈육하신다. "죄송합니다"로 답한다. 가진 것을 버리는 것도 아깝고, 비행기에 탑승하면서 초과 화물에 대해 내야 할 돈도 아깝다. 다시 먹을 것부터 정리했다. 먹어 치우거나 버려야 했다. 술과 안주를 해치우는 것도 부족해서 책도 버린다. 모처럼 여행을 온 터라 책을 많이 읽고 싶었다. 그런데 여행 기간을 통틀어서 5권도 제대로 읽지 못했다. 여행하면서 하루에 한두 시간 정도는 회사 업무를 봐야 하고, 여행 감상문도 써야 했다. 게다가 여행 본연에도 충실해야 하다 보니 책 읽을 시간이 없었다.

책 열다섯 권을 버리고 나니 이제 살 것 같다. 두고 오는 책이 아깝고 미안해서 발길이 떨어지지 않는다. 가져온 짐이 제일 적은 내가 이런 상황이니 집사람이나 다른 가족들은 어땠을지 짐작 간다. 아내의 음식에 대한 마음과 딸들의 옷가지를 버려야 하는 마음이 어떠했을까를 생각해본다. 무언가를 버린다는 행위는 어떤 의미를 가지고 있을까.

버린다는 것은 단순하게 생각하면 새롭게 정리하고 시작한다는 의미와도 같다. 새로운 시작을 잘하기 위해서 불필요한 것을 얼마나 잘 버리는가는 아주 중요한 부분이다. 정리는 곧 인생관의 문제로 소유의 방식이 곧 삶의 가치관을 나타낸다. 아프리카에서는 재밌는 방법으로 사냥을 한다. 가죽 자루의 입구를 원숭이 손 하나만 겨우 드나들 수 있을 정도로 작게 만든다. 그 안에 원숭이가 좋아하는 바나나를 넣는다. 원숭이가 자주 다니는 길목에 자루를 단단히 매어 놓으면, 지나가던 원숭이가 먹이 냄새를 맡고 주머니 안으로 손을 집어넣는다. 먹이를 빼내려고 안간힘을 쓰지만 먹이를 쥔 채로는 자루의 좁은 입구에서 손을 빼낼 수가 없다.

원주민은 이런 방식으로 원숭이를 잡는다. 한 끼도 안 되는 먹이에 욕심을 내다가 자유와 생명을 잃는 원숭이. 많은 사람은 버리지 않고 모든 것을 다 수용하고 싶어 한다. 기존의 것을 버리지 않고 새로운 모든 것을 다 가지고자 한다. 하지만 그릇이 예전과 다름없는 같은 크기라면 결국 찢어지거나 터지는 재앙이 시작된다. 누구나 다 자기 것을 소중히 여겨 모든 것을 소유하고 싶어 하지만 다 담을 수는 없다.

순서는 상관없다. 새로운 뭔가를 구하면, 그만큼을 버리면 된다. 작은 탐욕과 목숨을 바꾸는 어리석음이 원숭이에게만 해당하는 이야기가 아니다. 바나나 때문에 목숨을 잃어버리는 원숭이를 비웃기 전에 원숭이와 비슷한 생각을 하는 나 자신을 다시 한번 돌아본다. 버린다는 것은 쉬운 일이 아니고 끊임없는 연습이 필요한 일이라는 것을 실감한다. 이번 기회로 버린다는 것의 의미를 조금 더 깊이 경험할 수 있었다.

　"조그마한 중소기업을 운영하는 오너가 한 달 넘게 회사를 비워서 되겠어? 그것은 환상이고 로망이야" 미국으로 떠나기 전, 주변으로부터 자주 들은 말이다. 스스로 많이 동감했고 그것 때문에 불안하기도 했다. 정확하게는 모르겠지만 별문제가 없다고 느껴지는 지금, 작은 것들을 버릴 줄 아는 지혜와 기술이 부족했다는 생각이 든다. 작은 것을 버리며 자유로운 삶을 사는 법에 대해 앞으로 많은 연구가 필요할 것 같다.

결정적 증거
정의할 수 없다는
세상을 하나로

이곳은 인종 전시장이다. 국경이나 사상, 성별에 대한 기준이 없다. 너무나 화려하면서도 우울한 이곳은 다양성과 복합성, 혼동과 새로운 질서에 너무나 익숙하다. 어떤 행동과 복장도 이상하지 않다. 나름 특별하다고 생각되는 아빠의 삭발과 길러진 수염과 매형의 빨간색 머리 그리고 나의 노란색 삭발 머리는 이곳에서 너무나 당연하고, 단 1%의 관심 대상도 아니다.

자유로운 영혼을 가졌다고 생각하는 나도 적응하기 어려웠었다. 지구가 아닌 또 다른 별과 같은 도시. 라스베이거스의 다양한 사람들을 보며 '미국이라는 나라는 어떻게 다양한 문화를 수용할 수 있었을까'라는 질문이 생겼다. 공부해보니, 미국은 우리와는 본질적으로 다른 개념을 가지고 있었다.

대한민국은 한반도라는 제한된 장소에서 수천 년간 모여 살았다. 그렇게 생긴 문화로 한민족은 DNA가 같은 사람을 같은 민족으로 인정하지만, 그렇지 않으면 같은 민족으로 인정하지 않는 역사의 배경을 가지고 있다. 이것과 다르게 미국이라는 나라는 이민자들이 모이면서 시작됐다. 그래서 우리와 같이 혈통으로 미국인을 구분하기보다는 가치관을 공유하는 사람을 미국인으로 생각한다.

사실, 뉴욕으로 가는 비행기에서도 질문이 생겼다. 몇 시간 전에 정들었던 캠핑카를 반납하고 어제 치열하게 정리한 짐들을 챙겨 공항으로 이동했다. 그 후 공항에서 간단하게 저녁을 먹고 비행기를 탔다. 서쪽에서 동쪽까지 5시간 정도 날아갔다. 그 긴 시간 동안 기내 서비스가 전혀 없었다. 서비스가 있어도 모두 유료였고, 스트레칭할 최소한의 운동공간조차 없었다. 반면에 우리나라는 가까운 제주도만 가더라도 엄청난 서비스를 제공해준다. 당연하게 생각했던 서비스는 미국 기준에서 엄청난 서비스였다.

최고의 고객서비스를 제공하는 우리나라의 서비스보다 미국 비행기의 서비스가 훨씬 더 실용적이다. "미국은 정적인 사

116

회가 아니라 동적인 사회로, 미국은 만들어지고 있는 과정이지 이미 완성된 나라가 아니다. 미국이 특별했다면 지금까지는 이 동적인 전통을 끊임없는 도전 속에서도 지켜왔다는 것을 뜻한다" 사회학자 김봉중 교수님의 말처럼 미국은 동적이며 자유롭게 살아숨쉬는 부분이 참 매력적이다. 미국의 매력과 강한 힘은 다양한 것을 받아들이고, 그것들을 통해 새롭게 만들어진 무언가로부터 나오는 게 아니었을까? 이렇게 세상의 다양함에 대하여 한 수 배우고 뉴욕으로 떠난다.

비행기에서 10명 중 9명이 놓치고 있는 것

비행을 하다 보면 목적지에 도착할 때까지의 시간이 지루해지기 마련이다. 사실, 기다림의 시간은 목적지에 도착해서 얻는 만족만큼이나 설레고 가치 있는 일이다. 국내, 국외 여행을 하면서 이 지루한 시간을 보내는 나름의 방법을 찾았다.

1. 이때는 내가 좋아하거나 평소에 보고 싶었던 영화, 다큐멘터리를 몇 편 내려받아서 간다. 비행 중의 이런 것들을 두세 편만 보아도 서너 시간은 금방 지나간다. 경험한 바로는 국적기에서는 이런 영상물들을 제법 많이 준비해두고 있다.

2. 그다음은 평소에 읽고 싶었던 책을 여행 기간에 맞춰 몇 권을 가지고 간다. 여러 곳에서 책을 읽어보았지만 가장 편

118

하고 좋은 곳은 비행기다. 이착륙할 때와 구름과 부딪힐 때를 제외하고는 비행기 안은 독서실 같은 분위기를 제공한다. 여의치 않을 땐, 책을 빠르게 듣는 속청을 즐기기도 한다.

3. 독서는 비행기뿐만 아니라 비행기 타기 전의 여유 시간에도 시간을 보내기에 좋은 도구다. 기다리는 시간이 과하게 길 경우, 음악을 듣거나 수다를 즐긴다. 그리고 틈틈이 노트북에 이런저런 메모와 글쓰기도 한다. 이것들은 재미있고 실속 있는 비행을 만들어준다. 지루한 시간에 마음을 잘 다스리는 것도 중요하지만, 지루하지 않을 만한 그 무언가를 찾아서 지루함을 소중함으로 바꾸는 것도 좋은 일이다.

26

꿈과 다른 방향으로 걷고 있는 당신에게

우리는 택시를 타고 센트럴 파크로 향했다. 10분이면 충분히 갈 수 있는 거리. 막힌 도로 덕분에 40분이 넘게 걸렸다. 서두른 이유는 세계 3대 박물관이라고 불리는 메트로폴리탄 미술관에 가기 위해서였다. 우리가 출발할 때의 시간은 3시 30분으로 오후 5시 30분 폐장까지 2시간밖에 남아있지 않았었다.

겨우 도착했지만, 너무 컸다. 박물관 안에 있는 작품을 다 보려면 일주일은 걸릴 것 같았다. 넓게 많이 본다는 작전 아래 발걸음을 재촉하며 돌아다닌다. 텔레비전에서 보던 작품과 역사를 말해주는 작품이 보인다. 이름만 들어보던 피카소의 작품도 보인다. 묘한 기분이다. '아, 아쉽다. 나중에 여유가 생긴다면, 꼭 여기 앞에 숙소를 잡고 메트로폴리탄을 다시 보러 와야겠다' 폐장 시간이 다가와 털레털레 밖으로 나간다.

여행에서 열심히 놀며 쌓이는 피로를 여독이라고 하더라. 보통 한국에 돌아와야 시작되는데, 여행이 길어지다 보니 여행 중 찾아와버렸다. 며칠 전부터 우리의 체력이 점점 더 바닥을 향해 가고 있다는 것을 느꼈고, 피곤함을 달래고자 바로 옆 센트럴 파크로 향했다. 센트럴 파크는 중학교 때 살던 아파트 안에 있는 공원 이름이었다. 그곳에서 친구들과 자전거를 타곤 했다. 공원이 가운데 있다는 이유로 중앙공원이라는 이름을 선물하고, 멋있어 보이고 싶어 영어로 Central Park라고 불렀다. 내 삶에 센트럴 파크가 들어온 것은 그때가 처음이었고, 센트럴 파크가 실제로 존재하는지 알았던 것은 오늘이 처음이었다.

센트럴 파크에 들어가자마자 이쁘에게 이끌려 놀이터부터 갔다. 놀이터는 모래사장 위에 딱딱하고 다듬어지지 않은 돌로 만들어져있었다. 아이들이 놀기에는 다소 위험할 수 있는 환경이었다. 아이들이 놀다가 크게 다칠 수도 있어 보였다. 그럼에도 불구하고, 부모님들은 전혀 신경 쓰지 않았다. 아이들도 마찬가지로 그것에 익숙해진 듯 넘어지거나 떨어지면 열심히 울고 혼자 홀홀 털고 일어났다. 까다로운 안전 기준을 통과

121

해 푹신푹신하게 만들어지는 한국의 놀이터에서 노는 아이들의 모습과는 많이 달랐다.

"우리나라 사람들은 심한 면이 있는 것 같아. 유심히 보면 알겠지만, 어디에도 우리나라처럼 놀이터를 안전하게 만드는 곳은 없어" 놀이터를 보며 큰 매형은 말했다. 맞는 말이다. 지나치게 안전하게 만들려 한다. 놀이터는 놀이를 통해 간접적으로 안전하다는 것을 배우는 곳이 아니라, 위험과 도전의 재미를 배우는 곳이어야 한다고 생각한다.

놀이터에서의 모습을 보며 미국 부모님들은 내가 본 한국 부모님들과 다르게 교육한다는 것을 느낄 수 있었다. 진짜 교육은 무엇일까. 스스로 질문해본다. 1806년, 최강 군대를 가진 나라라고 불리던 나라 프로이센은 나폴레옹 군대에 완벽하게 패배했었다. 그 결과 프로이센은 쑥대밭이 되었고, 나라를 다시 세우기 위해 노력했다. 그 과정에서 지도자들은 인구 대부분을 차지하는 농민 계층의 자녀가 나라를 위하는 노동자가 되기를 원했다. 그때 처음으로 의무교육이라는 이름으로 강제적인 학교 교육이 시작되었다.

아이들을 효과적으로 복종시키기 위해 만들어진 교과서는 깊고 폭넓은 사고를 하지 못하게 과목과 단원으로 짧게 나누었다. 어쩔 수 없이 아이들은 주체적으로 생각하는 능력 대신에 선생님의 지식을 일방적으로 받아들이는 능력을 키우게 되었다. 이 교육은 영국과 미국을 통해 퍼져나갔다. 그리고 이것들은 현재 한국 교육 시스템과 비슷한 부분이 많다. 그래서인지는 몰라도 한국 학교에서는 실수와 질문을 하며 배울 기회가 적다.

나와 주변의 경험을 바탕으로 생각되는 학교는 창의력을 펼치는 곳이 아니다. 효과적이지 못한 규칙을 말하며 대부분의 수업이 점수에 의해 움직이는 곳 그 이상 그 이하도 아니다. 교도소와 학교의 목적은 분명히 다르다. 하지만 학교를 짓는 비용보다 교도소를 짓는 비용이 두 배나 많이 든다는 것은 충격적이다. 교도소와 비슷한 모습을 한 대부분 학교. 빠르게 변하는 세상 속에서 느리게 변하는 교육에는 조금 더 세찬 바람이 불어야 하지 않을까? 지금 내 친구들과 내 동생들이 배우고 있는 기본적인 교육들에는 세상에서 주체적으로 살아갈 수 있는 교육이 함께해야 한다고 생각한다. 금융 교육, 인문학 교육과 자신의 생각을 직접 펼쳐 직접 경험할 수 있는 것들이 더 필요하다. 형식적인 형태의 변화가 아닌 실질적이고 본질적인 변화들 말이다.

학교가 여러 과목을 배우며 친구들과 놀러 가는 곳이라는 한계를 넘어서면 좋겠다. 질문을 던지며 자신과 세상에 대해 배우고, 사람들과 교류할 수 있는 놀이터가 되면 좋겠다. "그의 나이 30세, 한국 최초이자 최연소로 1,000조 원 규모의 글로벌 재단 Jun Foundation을 설립하다. 재단의 첫 활동으로 만들어진 Jun School에서 학생들은 꿈과 자유를 찾고 사랑을 배우다" 10년 뒤, 9시 뉴스에 귀가 아프도록 실릴 내용이다.

27

가장 아름다운 그녀와의 가장 비밀스러운 만남

아침에 일어나자마자 크루즈를 타기 위해 출발한다. 미국 최고 여신과 함께 허드슨강을 누비며 노을을 즐긴다고 한다. 지하철로 이동하기로 계획했는데 지하철 입구가 막혀 있다. 반대편으로 가도 마찬가지다. 우왕좌왕하다가 하는 수없이 우버 택시 2대를 불러서 출발하려 했으나 한 대가 늦게 오는 바람에 결국 선착장에 도착하지 못하고 말았다. 낯선 곳에서 시간에 맞추어 나온 것이 화근이었다. 다시 모여서 전열을 가다듬고 오늘 일정은 내일로 미룬다. 역시 여신을 만나는 일은 쉽지 않다. 자유의 여신이 우리에게 자태를 보이려 하지 않으려는 모양이다.

다시 새로운 아침이 밝았다. 역할을 분담했다. 한 팀은 세

탁소로 가 밀린 빨래를 정리하고, 다른 팀은 식사와 짐 챙기는 일을 한다. 그리고 나는 어제 산 표를 교환하기 위해 출발한다. 구글 지도를 보면서 이동하는데 도보로 가다 보니 찾기가 쉽지 않다. 10분이면 갈 곳을 30분이 넘도록 걷고 있다. 어제도 게으름을 피우다 일정을 제대로 진행하지 못했는데 오늘도 되는 게 없어 짜증 난다.

각자의 일을 마치고 타임스퀘어 앞, 어제 들렀던 가게 앞에서 만나기로 했다. 먼저 도착해서 가족의 위치를 확인하니 10분이면 도착한단다. 그래도 아직은 참을만하다. 30분이 지나도 다 왔다는 이야기만 할 뿐 나타나지를 않는다. 짜증이 화로 바뀐다. 알고 보니, 막내아들이 지도를 쓰지 않고 감각으로 길을 안내하다가 반대 방향으로 갔다. 당황하기도 하고, 미안하기도 해서 금방 도착한다고 이야기했다는 것이다. 한 시간을 넘게 기다리니 화가 분노로 바뀐다. 가족을 만났지만 차마 입으로 화를 낼 수는 없어 침묵으로 그때의 감정을 대변했다.

자유의 여신상을 보러 가기 전, 다운타운을 여행했다. 시내 투어 버스 2층에 혼자 앉으니 날씨는 무덥고 바람도 없어 화가 또 치밀어 오른다. 9.11테러 추모기념관으로 가기 위해 그 주변의 차이나타운에서 내렸다. 그들과 같이하고 싶지 않아서 혼자 여행을 하겠다고 말했다. 큰사위와 가족 모두가 말렸지만 그럴수록 화가 더 나서 그들과 반대 방향으로 떠났다. 팀들과 이별하고 혼자 걷는다.

대형마트에 들어가 먹을 것을 사려는데 처음 보는 시스템이라 살 수가 없다. 돈이 있어도 배를 채울 수 없는 일이 생길 수 있다는 것을 처음 알았다. 어렵게 캔 맥주와 햄버거 하나를 사서 노상 간이의자에 앉아 거치처럼 먹고 있다. 한국이었으면 볼 만 했을 텐데, 이곳에서는 이 고독한 이방인에 대해서 이상하게 보는 사람이 한 명도 없다.

월스트리트에 있는 돌진하는 황소를 만나기 위해 방향을 잡고 이동한다. 어설픈 영어에, 처음 오는 공간에, 초고층이 밀집한 거리에서 목적지를 찾는 일이 쉽지 않다. 더군다나 점심으로 먹은 맥주 때문에 화장실이 너무 급하다. 어언 두 시간 이상을 화장실을 찾는 데 쓰고 있다. 왜 이렇게 화장실이 없는지. 화장실 때문에 식당에 들렀는데 화장실이 없단다. 다음에 미국에 이민을 온다면, 이동식 화장실 사업을 하면 대박날 것 같다는 생각을 절실하게 해본다. 돈도 돈이지만 사람을

살리는 일이 될 것 같다,

　그렇게 월스트리트를 배회하는데 눈앞에 둘째 사위가 보인다. 맨해튼 거리에서 가족을 만나다니. 다섯 시간 만에 약속도 없이 우연히 만난 것이다. "아버님 화 푸세요" 모두 미안해한다. 나 혼자 화가 나서 일탈한 것뿐인데, 오히려 애들이 나를 위로해 준다. 이놈에 자존심은 언제쯤 사그라질지.

　다시 합류해 어제 못 갔던 자유의 여신상 크루즈를 타는 선착장으로 이동한다. 어제 실수를 반복하지 않기 위해 여유 있게 선착장에 도착했다. 화도 풀 겸 아내와 둘이서 맥줏집으로 가고 있다. 나머지는 배표를 확인하려고 떠났다. 그런데 또다시 난리가 났다. 막내아들이 급히 나오라고 소리친다. 맥주가 내 곁으로 다가오고 있는데 말이다. 선착장이 이곳이 아니라 반대쪽에 있는 곳이란다. 시켜놓은 안주는 어떻게 생겼는지 보지도 못하고 뛰어나왔다. 선착장을 확인하지 못해서 이런 일이 생긴 것이다. 30분 전에 승선을 해야 했는데 지금 시간은 출발 1시간 전이다.

　먼 거리는 아니었지만, 교통체증에 택시를 타고 가는 것은 불가능처럼 보인다. '오늘도 자유의 여신은 만나지 못하고 마는구나'라고 마음을 정리한다. 그런데 막내아들이 지하철을 타고 가자고 제안한다. 모두 그렇게 하기로 하고 빛의 속도로 움직인다. 그런데 지하철 표가 없는 몇 명 때문에 표를 뽑아야 했다. 일부는 표를 뽑고, 일부는 먼저 역으로 들어가서 기다리고 있는데 먼저 들어간 둘째 딸이 강한 어투로 월담하라고 손짓한다. 얼떨결에 내가 먼저 게이트를 뛰어넘고 나머지도 모두 따라왔다. 지하철에 내려서 선착장에 도착했다. 아직 배가 출발하지 않고 있다. 마침내 7시에 출항하는 크루즈 승선에 성공한다.

자유의 여신상과 맨해튼은 가히 감동적이었다. 낮, 일몰 그리고 밤에 보는 맨해튼 이 3가지 모습을 한꺼번에 감상하는 선상 크루즈 여행은 최고였다. 돌아가는 길에 한인 마트에 들러서 저녁 파티를 준비했다. 그리고 숙소에 들어와 모두 건배를 외친다. 좌충우돌의 하루가 저물자 모두 피곤해서 잠들었다. 혼자 밖에 나와서 하루를 되돌아본다.

아들 준이는 어제의 실수를 다시 하지 않기 위해 선착장에 두 시간 일찍 도착했지만, 선착장을 잘못 알고 왔다. 다른 선착장으로 이동하기에는 객관적으로 부족한 시간이었다. 하지만 끝까지 포기하지 않고 주어진 여건에서 최선을 다한 막내아들의 문제해결 능력이 너무나 예쁘고 대견스럽다. 본인의 실수로 선착장을 잘못 찾아왔고, 그 때문에 일정에 문제가 생긴다는 것을 알고 있었기에 엄청나게 흥분하고 힘들어할 상황이었다. 하지만 그런 상황에서도 주변을 생각하면서 "조금 늦었지만 괜찮으니까 천천히 가요. 최선의 과정의 끝은 운에 맡기자구"라는 제안하고 먼저 실행했다.

이런 자세는 어른들도 가지기 힘든 일이다. 문제해결 능력과 상황 대처능력은 인생을 살아가는 데 있어서 중요한 요소 중의 하나다. 학교에서 가르쳐주지도 않는다. 또한 지하철에서 표가 없어 시간을 날리고 있을 때, 둘째 딸의 월담에 대한 제안도 신의 한 수였다.

문제 해결 여부보다 더 중요한 것은 그것에 임하는 자세라고 생각한다. 누구나 실수할 수 있다. 그러나 그 실수에 무릎 꿇고 좌절하는 자와 담담하게 일어나서 나아갈 길을 찾는 자의 차이는 말로 표현하기 힘들다. 그 차이가 인생의 차이다. 이런 친구들이 가족이라는 것이 대견하고 고맙다. 준법자가 되어야 하는가? 아니면 생존자가 되어야 하는가? 표를 뽑아서 지하철을 탔다면 법을 지키는 대신 배를 지키진 못했을 것이다. 선택의 책임에 대해서는 적지 않은 생각을 하게 되지만, 쾌도난마(快刀亂麻)에 대한 선택은 백번 칭찬하고 싶다. 다행히 이곳을 떠나올 때 지하철을 타면서 내지 못한 돈에 대한 봉사는 모두 하고 왔다.

이 모든 건 혼자서는 할 수 없는 일이었다. 혼자가 아닌 우리가 있었기에 가능한 일이었다. 자유의 여신을 만날 것이라고 기대하지 않았지만, 결론적으로는 그녀를 만나 정말 행복했다. 앞으로는 화가 나도 가급적이면 좀 더 참고 여유 있게 처신해야겠다. 정말 집 나가면 개고생이더라.

아픔 기억될 수밖에 없는 지나도 영원히 100년이

"여느 때처럼 평범한 날의 아침, 시간의 기억으로부터 단 하루도 당신을 지울 수 없다. No day shall erase you from the memory of time"

내가 세상에 태어나고 몇 달이 지나지 않은 2001년 9월 11일 오전. 그것은 테러였다. 민간 비행기 두 대가 월드 트레이드 센터를 들이박았다. 얼마 지나지 않아 초고층 빌딩이자 뉴욕의 랜드마크인 world trade center는 세상에서 사라졌다. 그렇게 생긴 수천 명의 사상자. 잔인할 정도로 생생했던 911 메모리얼 박물관. 마음이 아팠다. 그냥 아프고, 그냥 아팠다. 너무 슬퍼서 입이 다물어지지 않았다. 나중에 누군가가 뉴욕에 간다고 이야기한다면, 뉴욕에서 가장 깊은 곳인 이곳을 추천해 주고 싶다.

29

살아남는 법
사라지지 않고
말해주는 비밀:
아들에게만

　여행하는 동안, 황소 세 마리를 만났다. 첫 번째는 록펠러 센터에서다. 이곳은 록펠러가 뉴욕에 지은 도시 속의 도시로 중심에는 GE 초고층 빌딩이 있다. 더불어 영화 속에서 자주 봤던 엠파이어스테이트 빌딩의 전망대와 함께 뉴욕 최고 전망대로 꼽히는 탑 오브 더 락(Top of the Rock) 전망대도 있다. 이 전망대로 들어가는 입구에는 화려한 외모의 황금소 한 마리가 서 있다. 전망대를 올라가면서 반드시 가야 하는 길에 있어서 누구나 보게 된다. 많은 사람은 아니지만 몇몇 사람들은 이 소 옆에서 기념 촬영을 하기도 한다. 지나가는 사람들이 가끔 관심을 보여주니 심심할 것 같지는 않다.

　브로드웨이의 유명 배우들은 만나기는 힘들다. 만나더라도 우리 같은 일반인이 같이 사진을 찍는 것은 하늘의 별 따기다. 그래서인지는 몰라도 근육질 황소 앞에는 그와 사진을 찍으려는 사람들로 항상 가득 차 있다. 나도 많은 인파에 멀리서 사진을 찍을 수밖에 없었다. 월가에서 제일 유명한 톱스타 중 하나인 근육질의 황금 황소는 내가 뉴욕에서 두 번째로 본 황소다.

세 번째 소는 뉴욕 외곽 와인 농장에 서 있다. 포도밭 한쪽에 보일 듯 말 듯 서 있는데 월스트리트에서 본 황금소와 비슷한 크기와 모양을 하고 있다. 이 와인 농장의 마스코트인 것 같다. 그런데 이 친구를 알아보는 사람이 아무도 없다. 화장실 가는 길에 우연히 보게 되었는데 너무나 순진하고 착하게 생겼다. 찾는 사람이 없어도 불만스러운 표정은 없어 보였다.

농장에 있는 이 황소는 누구의 관심 대상도 아니었다. 심지어 존재조차도 모르는 사람이 대부분이었다. 가끔 주목받는 대상이 될 뿐 아무도 그를 찾지 않았다. 제법 많은 사람 사이에서 사진 찍히는 다른 황소들과는 달랐다. 이들은 비슷한 크기의 황금색 황소지만, 그들의 존재가치는 하늘과 땅만큼의 차이가 난다. 비슷한 재질과 크기 그리고 각자의 개성을 가지고 있는데, 관심의 대상에서 이렇게 큰 차이가 있는 것은 무엇 때문일까?

세상은 캐니언(canyon)을 원한다. 수많은 캐니언을 보면서 그 옆에 넓고 고요하게 펼쳐진 평지를 바라보고 흥분하는 사람은 거의 없다. 평평한 대지는 주목의 대상이 아니다. 완전히 구불구불하거나, 아주 높거나, 아주 낮거나, 아주 경사져야 주목받을 수 있다. 사람들은 똑같은 세월을 견뎌 왔더라도 극적인 것을 원한다. 진리는 그것이 아니지만 세상은 롤러코스터를 원하고 협곡과 심해 그리고 고산을 우러러본다.

사람들이 원하는 세상과 진리가 원하는 세상 중의 어떤 것을 선택할 것인가의 문제는 개인의 선택 영역이다. 하지만 세상을 잘 살기 위한 한 가지 중요한 방법은 평평한 대지가 아니라 협곡, 심해, 고산이 되어야 한다는 것이다. "평지는 협곡을 이기지 못한다" 평평한 대지야말로 최상의 선이고 본연의 종착지이며 평화로운 것이다. 이것은 부정할 수 없는 사실이다. 하지만 세상을 조금 다른 관점으로 바라보면 사람들은 높은 산, 깊은 물, 험난한 계곡을 세상 원한다는 것을 쉽게 알 수 있다.

수없이 많은 풍파 속에서 그것을 인내한 결과를 몸으로 보여주는 캐니언은 역경을 이겨낸 체험의 결과물이자 인내의 결과물이다. 사람도 마찬가지다. 처음에 순수 그 자체로 태어나지만, 세월을 거치면서 협곡처럼 패이고 깎이고 날리고 씻기면서 변하게 된다. 어떤 삶을 사느냐에 따라 저마다의 협곡이 만들어진다.

내 자식들은 그리고 우리 젊은이들은 어떤 선택을 해야 할까. 자신만의 아이덴티티를 가지고 대체 불가능한 그 무엇인가를 가진 자만이 이 세상에 승자로 살아남을 것이다. 다시 나에게 질문하게 된다. 앞으로 나는 어떤 삶을 살아야 할 것인가. 이미 알고 있는 답 앞에서 다시 한번 생각해본다.

30

한
마
디
에티오피아인의
자꾸만 집착하는
한국말에

  뉴욕에서 오느라 피곤했지만 시간은 없었고, 봐야 할 건 많았다. 또 주차장은 어디에 있는지. 급한 마음에 길가에 주차하고 워싱턴 메모리얼 기념관과 2차 세계대전 기념관을 보고 돌아왔다. 다녀오니 멋지게 불법 주정차 딱지가 붙어 있다.

  반성하는 마음으로 주차장에 차를 주차하고 링컨 대통령 기념관으로 갔다. 조지 워싱턴 대통령이 수도로 정한 워싱턴 D.C.는 계획도시다. 이곳의 모든 건물은 워싱턴 기념탑 높이 170m 이상으로 건설하지 못한다는 법의 심판을 받고 있다. 그래서인지 도시 전체가 평온한 분위기를 연출하고 있다. 잘 만들어진 길들을 따라 걷다 보니 기둥이 보인다. 기념관을 받들고 있는 36개의 기둥은 링컨이 대통령을 했을 때, 미국의 주를 의미한다고 적혀있다. 내부의 벽에는 유명한 게티즈버그의 연설문이 멋지게 쓰여 있다. "By the people, For the people, Of the people"

링컨 기념관 앞에 조성된 공원 오른편에는 6.25 참전 용사들의 조형물과 기념비가 있고, 정원에는 참전용사들의 동상이 서 있다. "잘 알려지지 않은 그들, 만난 적도 없는 나라의 사람들을 지키기 위하여 국가의 부름을 받고 참전한 우리의 아들 딸들을 기리며" 그들의 조형물이 있는 제일 앞쪽 바닥 추모 석에는 '1950년~1953년 대한민국'이라는 문구가 영어로 쓰여 있다. 그리고 벽면에는 "FREEDOM IS NOT FREE"라고 뚜렷하게 새겨져 있다.

미국의 심장에 한국전 참전 기념비가 자리 잡고 있을 거라고는 생각하지 못했다. 우리가 주관적으로 생각하는 미국과 미국이 객관적으로 생각하는 한국에 대한 거리가 클 것으로 생각했었다. 이 기념비를 보면서 미국인의 영혼에도 우리 한국인에 대한 정확한 이미지가 존재한다는 사실을 믿을 수 있었다. 한국에서 태어난 사람으로서, 우리 조상님의 수고와 노력에 진심의 존경을 표한다.

지구 반대편으로 봐도 무방한 워싱턴 외에도 미국 곳곳에는 한국이 자리 잡고 있었다. 공항을 가다 만나 우버 택시 기사님은 에티오피아에서 오신 분이었다. 자신의 할아버지가 6.25 전쟁 참전용사라고 했다. 한국을 잘 알고 있었고, 우리를 원래 알고 있던 친구처럼 친절하고 편하게 대해 주셨다. 그가 말하는 한국은 우리가 생각하는 한국보다 훨씬 더 멋지고 자랑스러운 곳이었다. 길을 걷다가는 가끔이지만 한국 노래를 들을 수 있었으며, 심지어 할리우드의 심장에는 몇 명의 한국 배우의 이름이 새겨져 있었다. 정말이지 우리나라 대한민국은 대단한 나라다. 작은데도 참 아름답게 빛난다. 이러니 사랑하지 않을 수가!

인생을 함께 할 수 있는
사람은 어디에 있을까

안정이 찾아오면 의문이 찾아와 삶 전체를 뒤흔든다. 그
것들의 반복. 우리의 인생이 정반합의 연속이라면, 우리
의 여행 또한 그렇다. 과거의 관념에서 벗어나 새로운 여
행을 통해 배운 것들은 화려하지는 않았지만, 깊고 웅
장했다.

첫 번째 소중한 것을 찾을 것
두 번째 그것을 잊지 말 것

평소에 자랑을 많이 했던 나. 자랑이 내 자신을 특별하고 대단한 존재로 만들어 준다고 생각했었다. 그 마음에 항상 자랑을 많이 하려고 했다. 인정받고 싶어서, 사랑받고 싶어서. 어느 날, 친구들이 나를 부러워한다는 것을 느낄 수 있었다. 작전은 성공적이었지만, 왠지 기분은 좋지 않았다.

우정이라는 관계에 벽이 생긴 것 같았다. 그것을 느끼고 깊게 반성했고, 자랑을 줄이려고 노력했다. 정말 필요할 때가 아니라면 좋은 일이나 일상에 대한 말을 줄였다. 조금 과하기는 하지만, 기쁨을 나누는 행위가 누군가에게 슬픔으로 다가간다면 그것은 옳지 못하다고 생각한다. 내가 느낀 기쁨은 직접 경험했다는 사실로 만족하고, 친구와 있을 땐 친구와의 새로운 기쁨을 만들려고 노력한다.

　변화가 시작된 것은 내 인생에서 소중한 것들을 지키자고 생각하면서부터다. 친구는 인생의 어떤 순간이든 함께 즐기는 사람이라고 생각한다. 친구 없는 세상을 살아간다는 것은 끔찍한 것처럼 느껴진다. 그렇지만 친구라는 게 항상 아름답기만 한 것은 아닌 것 같다. 친구들에게는 항상 놀림받는 것이 하나 있다.

　까만 피부다. 유례없는 까만 피부에 항상 이것의 원인을 많은 사람이 궁금해한다. 나의 피부를 까맣게 만든 건, 바다다. 8살 때 처음 가본 바다에서 탄 것이 출발점이 되어 지금까지 이어져 왔다. 이 바다에는 이것 말고도 또 다른 추억이 있다. 여행 중 우연히 만난 바다는 나에게 슬픈 상처를 건넸다. 바다 위를 떠다니는 쓰레기 때문이었다. 대부분이 그렇듯이 그동안 쓰레기에 무심했던 사람이었다. 주머니가 더러워지면 안 된다며 다른 사람들의 눈치를 피해 길바닥에 쓰레기를 버렸었다. 내가 가장 좋아하는 바다가 쓰레기에 아파하는 모습을 보니 변하지 않을 수가 없었다. 그때부터 나의 습관에는 작은 변화가 찾아왔다.

여행의 절반은 도시, 또 절반은 자연에 머물렀다. 그중 가장 기억 남았던 것은 자연이었다. 이렇게 웅장할 수가 있을까. 미국에서 만난 자연 중 가장 웅장했던 나이아가라. 퀴즈 속에서 나이를 빼앗아가고 젊음을 되찾아주는 폭포를 위해 캐나다 비자를 들고, 국경을 넘었다. 간단한 입국심사를 끝내고 차로 캐나다로 넘어가자 도로의 단위는 mile에서 km로 변했고, 한적하고 편안한 분위기가 느껴진다.

나이아가라 폭포 높이는 100m는 족히 넘어 보인다. 나이아가라 앞에 서 있다는 게 믿기지 않는다. 가까이 다가가니 비가 오는 것 같다. "칙칙" 알고 보니, 아파트 3~40층 높이에서 떨어진 폭포 물이 바닥에 있는 물과 부딪혀서 튀기는 것의 반복이었다. 떠다니는 물방울에 무지개가 만들어지고, 그 밑으로는 폭포 소리가 들려온다.

다음 날이 밝았다. 우리는 배를 타고 폭포에서 물이 떨어지는 곳 근처까지 가기로 했다. 오감이 반응하기 시작한다. 튀기는 물을 맞는 피부, 떨어지는 물이 만들어내는 중저음 소리와 울림. 그리고 시원한 느낌의 냄새와 빨려갈 것 같은 깊이. 자연의 위대함에 감탄했다. 동시에 생각했다. '자연을 지켜야겠다'

이것이 세상에서 사라진다면, 너무나도 슬플 것 같다. 이 멋지고 위대한 것이 오래오래 많은 사람과 함께하면 좋겠다고 생각했다.

자랑하는 습관을 빠르게 바꿀 수 있었던 이유는 친구 때문이었다. 소중하게 생각하는 것을 위해서 나를 변화시킬 의지가 충분했다. 소중하기에 나를 희생할 수 있는 존재는 한 가지 더 있다. 바로, 자연이다. 자연은 위로를 주는 존재고, 희망을 주는 존재로 나의 친구다. 자연 없이는 아무것도 없다고 생각한다. 그래서 나는 계속 노력하고, 노력한다. 친구와 함께할 방법을 위해.

32

시
차
와
인
생
의
공
통
점
:

1
+
1
=
0

여기는 캐나다 토론토. 하와이에 가기 위해 공항에 도착했다. 이곳에서 하와이까지 한 번에 갈 수 있는 직항 노선은 없다. 우리는 밴쿠버에서 경유해 하와이로 가야 한다. 토론토에서 밴쿠버까지 약 4,000km를 4시간 동안 비행했다. 도착한 밴쿠버에서 하와이까지는 약 5,000km로 6시간 동안을 더 비행했다.

총 9,000km의 거리를 10시간 동안 날았던 우리가 하와이에 도착하니 시간이 이상했다. 분명 꽤 많은 시간이 흘렀는데 시간의 변화는 크지 않았다. 토론토에서 저녁 6시에 출발했지만, 하와이에 도착했을 때의 시간은 같은 날 저녁 11시였다. 시차 때문이었다.

알고 보니, 시차는 지구를 한 바퀴 돌아서 원점으로 돌아오면 제로인 아주 이상한 게임이었다. 게임을 사랑하는 난, 게임을 하다 보면 노하우가 생긴다는 것을 잘 알고 있다. 시차라는 게임을 열심히 하다 보니 인생에 적용할만한 노하우를 찾을 수 있었다. 나보다 다른 사람이 잘 될 때, 나만 뒤처지는 것 같다고 느껴질 때 자책할 필요가 없다는 것이다. 반대로 나 자신이 다른 사람보다 잘하는 게 있더라도 자만할 필요도 없다는 것을 알 수 있었다.

시차가 아무리 많이 나도 나중에는 다 같아진다. 그래서 큰 의미가 없다. 우리 인생도 마찬가지다. 태어남이라는 축복으로 시작해 죽음이라는 또 다른 축복으로 끝난다. 결국, 우리의 목적지는 단 한 곳이다. 빠르던, 느리던 한 바퀴를 돌고 나면 결국은 다시 만나는 인생이라는 게임을 하고 있다. 앞으로 자책하지도 말고, 잘난 척하지도 말아야겠다. 오직 다가오는 순간들을 즐겨야겠다.

생기는 일
술을 마시면
960시간 동안

33

"그 평화로운 땅, 그 아름다운 대지, 그 기후. 길고 풍요로운 여름날과 선한 사람들은 변함없으니, 모두 천국에서 잠들고 또다시 천국에서 깨어난다"라고 하와이를 표현한 마크 트웨인. 와이키키 해변은 상상 이상으로 초라했었지만, 와이키키 해변을 안고 있는 오아후섬은 눈물이 날 정도로 아름다웠었다.

지금은 하와이 오아후섬에 있는 카일루아 비치 주변에 있는 민박집의 새벽이다. 에어비앤비를 통해 검증되지 않은 곳에 예약했더니 시설이 너무 별로다. 바퀴벌레가 너무 많아서 잡아 없애기는 힘들 정도다. 침대가 없어 신발 신고 걸어 다니는 거실에 수건 한 장을 깔고 잤다. 그래도 아침에 일어나니 몸과 마음이 날아갈 듯이 개운하다. 이게 내 스타일인가보다. 조용

151

히 1층 수영장으로 술과 노트북을 들고 나간다. 회사 업무를 체크하고 메일을 보낸다. 그리고 이 아름답고 행복한 새벽바람을 마시면서 시인이라도 된 듯이 여행 감상문을 두어 장 써 본다. 업무도 마치고 일기도 잘 정리했으니 이제는 술 마실 시간이다. 캔 맥주 뚜껑 여는 소리가 아주 예쁘게 들린다. 단숨에 절반을 비우고, 이 자리에 빠질 수 없는 담배도 하나 꺼내 하얀 연기를 하늘로 날려 본다. 멋있어 보이는데 요즘에는 왜 그렇게 이 친구가 대우를 받지 못 하는지. 아쉬울 뿐이다.

오늘처럼 기분이 좋아지면 술을 마신다. 술을 마시면 기분이 더 좋아진다. 사실, 기분이 나빠도 술을 마신다. 술을 마시면 나빴던 기분도 평정심을 찾는다. 오래전부터 알코올과 니코틴에 중독되어 살아왔다. 한국에서도 술을 마시지 않는 날보다는 술 마시는 날이 더 많았었다. 술과 담배에 중독되어 살아왔지만 나름의 원칙이 있었다. "낮술은 마시지 않는다"

과유불급은 알고 있지만 이곳에 와서 운전하는 날을 제외하고는 낮술을 계속 마셨다. 내가 생각하는 자유는 하고 싶은 것을 할 수 있고, 하고 싶지 않은 것을 하지 않을 힘으로 이곳에서 마시는 낮술은 자유의 또 다른 표현 방식이다. 낮술을 통해서 자유인이 되었음을 확인하고 그것을 즐기면서 살고 있다.

나뿐만이 아니라 대부분 사람은 중독에 빠져 살고 있다. 중독이란 것은 습관적으로 열중하거나 몰두하는 것을 말한다. 우리는 중독이라는 말을 주로 부정적인 행동에만 적용하지만, 원래 진정한 의미에서의 중독이란 좋은 활동까지도 포함한다. 알코올이나 마약류 등과 같은 외부 물질을 습관적으로 사용하는 것도 중독의 좋지 않은 부분에 불과한 것이다. 이 외에도 과식하기, 낚시, 도박, 소문내기, 자선 행위, 각종의 운동들. 그리고 거짓말, 강박 관념, 분노, 종교 활동, 도벽, 쇼핑, 일, 독서 등 실로 엄청난 것들이 중독에 포함된다.

그렇다면, 왜 중독자가 되어 살아가는 것일까? 대부분의 심리학자는 우리가 심리적 결핍 속에서 어른이 된다고 말한다. 불완전하며 아무리 채워도 만족할 줄 모르는 것 말이다. 그 과정에서 배고픔을 채우려는 노력이 자연스럽게 중독으로 발전된다고 한다. 중독자들은 저마다 고통에서 벗어나기 위해 중독을 선택한다. 그렇기에 중독이라는 것을 무조건 나쁘게만 생각할 필요는 없다. 적절하게 잘 중독되고, 좋은 방향으로 중독된다면 삶의 좋은 에너지가 될 수 있다. 내가 좋아하는 독서 모임의 이름도 '독중자'라는 이름을 가지고 있다. 독서 중독자들의 약자다. 이런 모임에 대한 중독은 삶에 엄청나게 긍정적인 변화가 만들어주지 않을까?

예비 장인에게 인사하러 두 발로 걸어왔다가 두 발로 걸어나간 친구는 한 명도 없었다. 실려서 가거나, 업혀서 가거나, 쓰러져서 자거나 그중의 하나만 있을 뿐이었다. 첫째와 둘째 사위도 마찬가지로 술을 통해서 더 가까워졌다. 둘 다 반듯하고 깔끔한 친구들이지만, 나와 술 마시고 정신 놓은 것이 한두 번이 아니다. 이렇게 술을 통해서 서로의 부족한 부분을 보여주며 결론적으로는 허물없이 가까워졌다.

한때 직원을 뽑을 때, 2차로는 술집에서 면접을 봤다. 술은 긴장된 근육을 이완시키면서 서로를 편하게 한다. 그러다가 서로 오버해 문제가 생겨 평생 보지 못할 적을 만들기도 했다. 그렇게 성공적인 채용 방법은 아니었던 것 같지만, 아주 잘못된 방법도 아니었던 것 같다. 이것이 세상살이가 아니던가. 이처럼 중독은 당연하며 좋은 것이고, 재밌는 것이다. 과하지 않는다면 낮술 또한 그런 것이라고 생각한다.

"8인승 차에 옹기종기 모여 드라이브하는 중이다. 처음 출발할 때 창밖에 보이던 아파트 대신에 바다가 보이기 시작한다. 해안 도로에 진입한 것 같다. 푸른 하늘보다 바다가 더 푸르다. 그래서 수평선도 잘 보이지가 않는다.

오늘 아침에 선물 하나를 준비했었다. 여행 중 이런저런 문제가 생길 때마다 '유하게'라는 말을 자주 쓰던 큰 매형에게 영어 '스무스(smooth)'에서 따온 이름인 실버 스미스라는 이름을 선물했었다. 매형도 맘에 들어 했다. 지금 내 앞에서는 작은 매형이 창밖 풍경을 멍하니 보고 있다. 작은누나는 내가 추천해 준 책을 읽고 있고, 이뼈는 혼자서 놀고 있다. "아뵤아뵤" 귀엽다. 뒤쪽에는 낮술에 취한 아빠가 자고 있고, 엄마랑 누나는 과자를 먹으면서 이야기를 나누고 있다. 길고, 불편하기만 할 줄 알았던 여행이 아쉬워지고, 벌써 끝이 보이기 시작한다"

오늘도 해가 지고, 달이 떠오른다. 해와 달이 뜨는 과정으로 우리의 여행을 말할 때, 이 일기는 뜨거운 해가 지고 어둠이 찾아와 별이 반짝일 때쯤 써졌다. 40일 동안 수많은 일이 있었다. 참 많이 웃었고, 참 많이 싸웠었다. 아름다웠던 시간을 세 개의 술로 나누어본다.

먼저, 예술은 내가 좋아하고, 앞으로도 계속 먹고 싶은 술이야. 나는 책을 쓰고, 만들고 있어. 책은 생각을 글자라는 그림에 표현하는 아주 섬세한 예술이라고 생각해. 나는 표현하는 것을 정말 좋아하는데, 그때마다 아주 뜨거운 희열과 살아있음을 느껴. 몸 어느 한 곳에서 강한 에너지가 터져나가는 것과 같은 느낌이야.

그런 나에게 영감은 아주 소중해. 영감은 풀밭을 뛰어다니는 개구리와 같아. 어디선가 뛰어올라 갑자기 사라지지만 아주 인상적인. 여행에서의 했던 경험 덕분에 많은 개구리를 만날 수 있었어. 영감을 놓치지 않으려 노력했어. 여행에서 보고,

느끼고 행하며 만남 모든 영감은 앞으로 나에게 많은 도움을 줄 거야.

다음, 기술은 이번 여행에서 나를 수없이 잡생각에 빠뜨리게 했어. 어렸을 때부터 나에게는 양 아빠가 있었어. 2년 전 처음으로 만났는데 비밀이야. 나의 양 아빠는 일본계 미국인이었고, 책 〈부자 아빠, 가난한 아빠〉를 쓴 로버트 기요사키야. 미국에 가져온 열다섯 권의 책 중 한 권인데, 일반적이지 않은 돈에 대한 관점과 태도에 대해서 말하는 것이 인상 깊었어. 책에는 대부분 사람이 상품을 팔고 알리는 활동인 세일즈와 마케팅을 제대로 하지 못해 자신 능력 이하의 돈을 번다는 이야기가 있었어. 이 책을 읽고 너무 많은 감동을 받아서 작가님을 스스로 양 아빠라고 부르게 되었어. 학교 다닐 때 이만큼 재밌고 감동적인 수업이 있었다면, 아마 전국에서 2등은 하지 않았을까?

아, 맞다! 실패는 당연하다는 이야기도 와닿았어. 여행하며 수많은 문제를 만났거든. 처음에는 즐기러 온 여행에 힘든 일만 생겨서 괴로웠어. 우리의 뜻대로 되는 게 하나도 없더라고. 그러다 우리 몸도 어제는 정상이었다가 오늘은 아프기도 하며 왔다 갔다 하는데, 그런 우리가 만들어가는 현실이 온전한 것은 말이 안 된다는 생각이 들었어. 그 후, 책의 이야기를 바탕으로 실패라고 불릴 수 있는 예약 취소, 소통의 어려움 등들을 당연하다고 생각하며 즐기면서 헤쳐나갔어. 그러면서 다시 한 번 알 수 있었어. 실패라고 불리는 것들은 당연하고, 그 당연한 것은 어떻게 해석하느냐가 중요하다는 것을 말이야.

여행 중 예술과 기술을 엄청 마셨어. 지금도 살짝 어지러운데 예술과 기술에 취한 덕분에 수많은 생각을 피워낼 수 있었던 것 같아. 세 번째는 술은 진짜 술이야. 장난쳐서 미안해. 사실, 이 술에는 여행의 비밀이 담겨 있어.

나는 삼 남매 중 막둥이야. 큰누나와는 13살 차이, 작은누나와는 11살 차이가 나. 누나들은 내가 유치원에 다닐 때, 고등학교에 다녔었어. 그 덕분에 아빠와 엄마는 나이 오십이 되기 전에 사위를 보았고, 벌써 할아버지와 할머니라는 호칭이 생겼어. 10대인 나도 뒤늦게 형 둘을 얻었고, 이삐에게 삼촌이라는 말을 듣고 있어.

우리 가족은 아빠, 엄마, 큰 매형, 큰누나, 작은 매형, 작은

누나, 이삐 그리고 나. 이렇게 총 8명이야. 누나들은 결혼하면서 독립했지만, 그리 멀지 않은 곳으로 갔어. 멀게는 한 시간, 짧게는 5분이야. 집이 가깝다 보니 자주 만나 저녁을 함께하는 일이 많았어. 세 가족의 공통점 중 하나는 여행이야. 다들 여행을 좋아하고, 즐기는 사람이지.

"아빠, 저 오빠랑 미국으로 여행 다녀오려고요" 1년 전 저녁을 먹다 말고 작은누나가 아빠에게 말했어. "좋네. 좋아. 얼마나 갈 끼고?" 얼마나 여행할 거냐는 아빠의 질문에 누나는 2주 동안 간다고 답했어. 대답을 들은 아빠는 이왕에 가는 거 조금 오랫동안 여러 곳을 다녀오라고 말씀하시곤, "그냥 다 같이 갈까?"라고 다시 말씀하셨어.

우리의 여행은 그렇게 시작되었어. 장난처럼 말했던 여행은 결국 현실이 되었지. 현실을 만들어준 장난의 바탕에는 술이 있었어. 가만 보면, 술이 꼭 나쁜 것 같지는 않아. 술이 우리의 여행의 시작과 중간 그리고 끝까지 모두 아름답게 장식해 주었으니까.

35

소중한 여행을 최악의 기억으로 만드는 행동

여행이 막바지에 가까워지는 시점이 되자 모두가 인내의 한계를 느끼는 것이 보인다. 우선 나부터가 그렇다. 피로가 쌓이고, 사소한 것들에 대한 불만이 누적되면서 그것들이 자연스럽게 외부로 표출된다. 체력이 좋지 않은 아내는 후반으로 오면서 자주 힘들어하고 사소한 일에도 민감하게 반응한다. 전체적인 여행 일정을 조절하는 둘째 사위도 거의 매일 계획한 일정이 미뤄지고, 예상치 못한 문제가 계속 생기는 탓에 잔 짜증을 많이 낸다. 어른들인 우리 부부에게는 짜증을 내지 못하니 둘째 딸 아내에게 더 민감해진 것 같다. 그 대가로 딸은 그것을 동생이나 엄마에게 전달한다.

서로의 부족한 모습을 보면서 서운하기도 했고, 짜증스러워하기도 했다. 개인적으로는 그런 부분들을 지적하고 나무라고 싶을 때가 많았다. 하지만 시간이 지날수록 그런 생각들이 잘못되었다는 것을 가슴으로 느끼고 있다. 내가 원해서 함께 가자고 했고 그래서 지금 우리는 여기에 함께 있는 것이다.

나는 이 제국의 정신적, 물질적인 지주이자 선장이다. 그런 사람이 한 사람 한 사람의 부족한 부분들에 대해서 지적하고 교정시키려고 한다면, 과연 그들이 그 지적에 대해 수긍하고 이해할 수 있을까라는 의문이 든다. 좋은 점수를 따기 위해서가 아니라 그것이 어떤 효과가 있을지에 대해 질문을 해봤다. 결론적으로는 큰 효과가 없어 보인다. 아니, 역효과가 날 것이다. 그들을 포용하고 수용하고 이해하는 것이 선장이 해야 할 일이라는 결론을 내린다. 그들의 단점을 누구보다도 더 정확하게, 더 깊은 부분까지 파악할 수 있지만, 그것들을 가지고 그들을 질타하거나 나무라고 싶은 마음은 접어두기로 한다.

첫째와 둘째 사위는 여행을 오기 전에 대형 운전면허증을 따고 왔다. 경우에 따라서는 30피트 이상의 캠핑카는 대형 면허가 없으면 문제가 될 수도 있다는 이야기를 듣고 어렵게 시간을 내서 면허증을 딴 것이다. 대형면허를 두 사람이나 가지고 있으니 면허증을 딸 생각도, 여행에서 운전할 생각도 하지 않았다.

처음 1주일은 둘이서 운전석과 조수석을 번갈아 가며 경험해보지도 않은 큰 차를 잘도 몰고 다녔지만, 시간이 지날수록 힘들고 지치는 기색이 보이기 시작했다. 사위들에게 물었었다. "운전하기가 만만치 않제. 내가 좀 해보까?" 힘들지 않다고 했지만, 몇 번은 먼저 운전석에 앉았다. "아버님, 차가 큰데 괜찮으시겠어요?", "죽기밖에 더 하겠냐, 출발 한데이" 그렇게 운전에 동참했다. 마에스트로는 연주하지 않는다는 원칙을 위반했었다.

'마에스트로는 연주하지 않는다' 내가 즐겨 쓰는 말이다. 나는 나 자신의 삶을 사는 주인공으로 회사의 오너다. 25년 전에 작은 중소기업을 시작해 지금까지 운영하는 흔하디흔한 CEO다. 그동안 가급적이면 악기를 들지 않고, 연주하지 않는 지휘자의 길을 걸어가려고 노력했다. 직접 악기를 들고 연주하는 일은 자영업자가 해야 할 일이고, 사업가는 악기 대신 지휘봉을 들어야 한다고 생각했기 때문이다.

처음부터 지금의 생각과 행동을 했던 것은 아니다. 외국에

163

서 건설자재를 수입하고 이 자재를 가지고 시공까지 하는 것으로 첫 사업을 시작했다. 국내에는 처음 도입된 기술이라 시공기술자가 없었다. 시공기술을 배우기 위해 호주에 가서 기술을 배우고, 그것도 부족해서 외국 기술자를 국내에 초대하기도 했다. 그러다 보니 자연스럽게 국내 1호 기술자가 되었다. 혼자서 할 수 있는 일이 아니어서 직원을 모아 직접 기술을 전수하고 시공까지 책임졌다. 사업이라기보다는 고달픈 노가다를 하는 자영업자였다.

우리 회사에서 나에게 기술을 배워서 사장이 된 사람은 100명이 넘는다. 조금 과하게 표현하자면 내 분야의 기술에 대해서는 자타가 공인하는 전설이었고, 우리 회사는 사장 만드는 사장 사관학교였다. 제도권 안에서 직장 생활을 해 본 적이 없고, 사업을 처음 경험하다 보니 경영이 무엇인지도 모른 채 엄청난 수험료를 냈다. 다행스럽게도 회사의 규모는 점진적으로 커졌다. 동시에 나는 한계를 느꼈고, 자연스럽게 악기를 들지 않게 되었다. 지금은 많이 좋아졌지만, 아직도 빈틈투성이고 찌르는 곳마다 급소다. 주변에 멘토가 한 사람이라도 있었다면 그렇게 많은 피를 흘리지 않아도 되었을 텐데, 너무 많은 피를 흘렸다.

스스로 옳다고 생각하는 것들을 경험하고 확인하고 실천하면서 검증해가는 자, 그것이 내가 생각하는 오너다. 스스로 옳다고 생각하고 생각한 것들에 대해서 정답이건, 아니건 그것을 실천하는 사람이 진정한 리더라고 생각한다. 많은 악기를 연주할 줄 알고 이해할 수 있는 것과는 별개로 이번 여행에서도 '마에스트로는 연주하지 않는다'라는 원칙을 잊지 않았다. 그렇지만, 제법 많은 악기를 들고 연주했다. 바이올린도, 기타도, 트럼펫도 때로는 피아노도 치고 노래도 불렀다.

영국의 왕실에는 왕은 군림하되 통치하지 않는다는 기준이 있다. 영국 왕실의 존재는 이 한마디로 모든 것이 정리된다. 이번 여행을 통해서 선장은 동승한 선원들을 평가하고 징계하는 역할을 하는 것이 아니라는 사실을 다시 한번 몸으로 느낄 수 있었다. 평가하되 잘못된 부분이 있다면 대안을 찾아주며 포용하는 바다가 되어야 한다는 것을 배운 것이다. 어느 가정에서나 아버지의 역할은 바다다. 아버지라는 바다는 가족이라는 물을 가려서는 안 된다. 이 세상의 모든 물은 아닐지라도 나의 가족 나의 사랑을 가려서야 되겠는가. 서로 이해하고 용서하고 감사하면서 살아가는 모범을 보여야 한다. 그래서 아버지의 길이 쉽지 않다.

행복해지기 시작했다
만들고 나서야
가족을 남으로

"우리에게 가장 소중한 존재다. 삶의 최종 목적지이자 최후의 귀향지다. 그런데 우리는 왜 이렇게 소중한 가족에게 상처받고 실망하며 가슴 아파할까? 때로는 그 무엇보다 아름다웠던 관계가 남보다 더 위험한 관계로, 서운한 관계로 가슴 아프게 변한다. 대체 왜 그러는 것일까?"

남이라면 상처받을 필요도 이유도 없는 것을 가족이기 때문에 더 실망하고, 아파하고, 슬퍼하고 때로는 노여워한다. 내가 지금까지 그렇게 경험했고 주위의 수많은 사람이 또 그렇게 경험하면서 살고 있다. 굳이 통계를 빌리지 않더라도 결혼한 신혼부부 셋 중의 1쌍은 그 엄숙했던 혼인 서약을 헌신짝처럼 팽개치고 스스로 이별의 아픔을 경험한다. 처음부터 이별할 준비를 하고 결혼하는 부부는 별로 없을 것인데 말이다.

사랑을 이어나가고 있는 부부들은 어떨까? 같이 살고 있다는 것이 행복이나 진정한 사랑을 담보하지는 않는다. 적지 않은 사람들이 헤어지지 못해 어쩔 수 없이 살며, 오히려 같이 살아서 더 상처받고 고통받는다. 부부 사이의 문제뿐만이 아닐 것이다. 부모와 자식 간의 관계, 형제와 다른 친척들과의 관계에서도 마찬가지다. 우리는 가까운 곳에서부터 상처받는다. 항상 치명적인 상처는 가장 치명적으로 가까운 사람들에게서 시작된다.

여행 중에도 아내와 사소한 문제로 화를 내며 싸웠던 적이 많았다. 그 이유 중 하나는 사소한 것을 스스로 해결하지 않고 내게 시켰었던 것이었다. 그것도 정중한 부탁이 아니라 하인 부리듯이 말했었다. '내가 머슴도 아닌데, 모처럼 힘든 회사일 벗어나서 편하게 한번 쉬어 보려고 어렵게 여행 왔는데' 이런 생각에 아내에게 버럭 화를 냈었다. "야, 그런 건 네가 좀 해"

큰딸 내외도 둘이서 자주 심하게 한판 했었다. 하루는 저녁에 남자들끼리 모여 늦게까지 술 마시는 바람에 신랑이 늦

잠을 잤었다. 아침 일찍 체크아웃 때, 짐 정리를 같이 도와주지 않았는데 그것이 용서가 안 된다는 이유로 한바탕했던 것이었다. 둘째 부부도 마찬가지였었다. 여행이 다 끝나고 보니 어처구니가 없다. 그게 뭐라고 그렇게 지지고 볶고 했었는가라는 생각이 든다. 아마 그들도 우리 부부를 볼 때도 이런 생각이 들었을 것이다. 이처럼 3자의 관점에서 보면 별것 아니고 또 그럴 수도 있겠다고 편하게 생각되지만, 당사자는 그렇지 못하다.

지금도 그렇지만 한때 우리 사회에서 자주 쓰는 건배사 중 이런 말이 있다, "우리가"라고 말하면 "남이가"로 답하는 건배사다. 회사나 모임에서 서로 남같이 생각하지 말고 가족처럼 가까운 마음으로 지내자는 의미이다. 이제는 조금 다르게 말해야 할 것 같다. "우리가 남이다"

이 말이 맞다. 남이 아니기 때문에 더 많이 기대하고, 더 크게 실망한다. 옆 캠핑카에 얼굴도 모르는 낯선 외국 사람이 커피 한 잔 먹으라고 인사를 건네면 너무 고맙게 생각하고 감탄하지 않을까? 옆집 아줌마가 김치 하나만 가져다주어도 몇 번의 인사를 건넨다. 엘리베이터를 타는데 문만 살짝 열어 주어도 감사하다고 꾸벅꾸벅 인사를 한다. 애초에 그들은 기대하지 않았던 사람이었고, 기대에 대한 설정이 없었거나 그것이 최소한이었기에 작은 친절 하나가 몸에 사무치는 감사가 되는 것이다.

멋있고, 고맙다고 생각할 수 있는 이유는 그들이 남이기 때문이다. 우리에게 그렇게 해야 할 의무도 책임도 없는 사람들이다. 그런 사람이 하지 않아도 되는 친절을 베풀었으니 얼마나 감사한가. 아내는 남편에게 받고자 하는 많은 것들을 스스로 설정하고 있다. 남편이기에 당연히 해 주어야 한다고 이미 정한 것이다. 누가 시키지도 가르쳐 주지도 않았는데 스스로가 그렇게 설정을 해놓고 있다. 아내는, 남편은, 딸은 그리고 우리는 서로에게 정해 놓은 기준이 이미 있다. 우리가 힘들어하고 가슴 아파하는 것은 이렇게 상처받을 수밖에 없는 설정의 오류에서 생기는 것이 아닐까?

나부터 이 설정에 대해서 다시 점검해보아야겠다. 너무 많은 기대는 그만큼의 실망을 동반한다. 기대치를 낮추어야 한다. 내가 생각하고 설정해 놓은 그 모든 기준을 왜 아내가 만족해주어야 하는가? 아내를 아내가 아닌 옆집 아줌마가 되게 만들어야겠다.

"우리가 남이가"의 건배사를 "우리가 남이다"로 바꿔보자. 그러면 아내에게 짜증 나고, 울화통 터지는 일들이 많이 줄어들 것 같다. 우선은 내가 편하지 않을까? 아내를 위해서가 아니라 나를 위해서 해보기로 한다. 모르긴 해도 그렇게 한다면 아내도 내게 훨씬 더 편하고 부드럽게 다가올 것 같다. 가족도 좋고, 사랑도 좋고, 화목도 다 좋다. 그러나 나부터가 살고 봐야 하지 않겠는가? 그럼, 오늘 밤의 건배사는 "우리가"라고 말하면 "남이다"로.

37

여름휴가에 7000만 원이나 쓴 이유 (feat. 악플 금지)

2019.5.9.

큰 매형 : 여기 사람들은 인사를 되게 잘해주는 거 같아요. 저번에 산책하러 갔을 때, 연예인 된 줄 알았어요. 보는 사람마다 인사해줘서요.

엄마 : 근데 서울도 그렇듯이 도시로 올수록 사람들의 인사가 사라지는 것 같지 않아 권 서방?

큰 매형 : 맞아요. 뉴욕에서 눈 마주쳤을 때, 눈웃음 지으니까 이상하게 보더라고요.

작은 매형 : 나만 그런 게 아니었네. 저번에 캠핑장 사무실에 갔었거든요. 처형 알죠? 시간관념이 철저하다고 느낀 게 사무실에 가니까 직원이 있는 거예요. 사람은 있는데 문은 잠겨 있더라고요. 그래서 노크를 했는데 손으로 시계를 가리키더라

고요. 2분 남았다고.

큰누나 : 헐. 대박. 시간을 철저하게 지키는구나. 실제로 외국에 파견 오는 사람들은 야근 안 하는 조건으로 대기업이랑 계약하지 않아요?

큰 매형 : 나도 처음에 그걸 보고 굳이 그래야 할까 싶었는데 한국의 정 문화, 융통성의 문화를 가지고 생각하니까 그렇지. 막상 3자의 관점에서 지켜보니까 합리적인 것 같아.

작은 매형 : 배울 건 배워야 할 것 같아요.

2019.5.12

엄마 : 좋소. 아부지. 난 우리 이쁘를 제일 많이 걱정했는데 아무 일도 없어서 다행이야. 집에 갈 때까지 무탈하게 가자구. 다들 고생 많았어~

큰누나 : 엄마두~

엄마 : 여기 사람들을 보면서 느낀 건데 사람들이 표정이 밝고, 자유로워. 나이 불문하고 옷도 화려하게 입어. 또 패스트푸드의 본고장임에도 불구하고 공기에서 여유가 느껴져.

큰 매형 : 흔히 미국을 자유의 나라라고 부르잖아요. 저도 40년을 가까이 살면서 그렇게 알아왔고요. 막상 와보니까 신사적인 자유를 가진 나라 같아요. 타인에게 피해를 주지 않는

선에서 자유롭게 활동하더라고요.

2019.5.19

엄마 : 가만 보면 우리 집처럼 오픈된 집도 없을 거야. 그치?

큰 매형 : 맞아.

엄마 : 여행을 통해 너무 가까워져서 서로에게 실망할까 걱정했는데 다행이다. 이젠 실망할 것도 없어서. (뿡)

큰 매형 : 에이, 알고 지낸 시간이 길잖아요. 이젠 어머니 방귀도 익숙해요.

엄마 : 살다 보니 취향이 바뀌는 것 같아. 감정이 메말랐구나 싶기도 하고. 너 처제는 아무거나 봐도 난리 나잖아. 작은 것을 봐도 큰 감정을 느끼지 못 하는 것 같아.

이뻬 : 아무니 무해? (할머니 뭐해?)

2019.5.26

작은누나 : 진실한 나와 거짓된 나에 대한 차이에 대해서 생각해보게 되더라구.

큰누나 : 그나저나, 여행을 즐기면서 자연스럽게 지난 인생의 시간을 되돌아보게 되더라. 그리고 무엇보다도 엄마가 여행의 흥미를 더 느끼기 시작했다는 것이 느껴져서 좋아.

엄마 : 아이고 힘들다. 집 좀 가자. 언제 가노.

아빠 : 됐다. 마. 많이 했다 아이가.

이쁘 : 아부지 무해? (할아버지 뭐해?)

원하는 것들을 이루었습니다,
그런데 왜

〰〰

이것도 챙기고, 저것도 챙기고. 이상을 만족시키며 나아
가는 현실로 미리 미래를 준비하는 것이 습관이 돼버린
우리. 더하지 않아도, 더하는 것을 멈춰도. 지금 그것만
으로도 충분히 아름다우며 멋있는 존재다.

그냥, 보지 마세요

생각하는 사람은 인생을 결정한다고 학벌이

인천 공항 활주로 바로 앞에서 비행기가 연속해서 착륙에 실패하고 있다. '집에 가기도 쉽지 않구나'라고 혼자 중얼거리다 보니, 출발하기 전부터 생겼던 여행을 포기해야 할 변명거리가 생각난다. 24개월도 안 된 우리 팀의 막내 이쁘를 데리고 가는 것은 변명거리 중 하나였다. 말도 못 하는데 낯선 환경에 잘 적응할 수 있을까, 혹시나 아프면 제대로 관리를 할 수 있을까와 같은 걱정이 있었다.

이성적 분별력과 지각 능력도 없는 어린 아기의 새로운 경험에 대해 주변에서는 상당히 부정적이었다. "어린애가 지금 미국에 가서 뭐해. 기억도 못 할 텐데" 나도 예전에는 그런 생각을 했었다. 어른들을 위한 선택에 인지능력도 없는 애들이 희

38

생당하는 바보 같은 행동이라고 나름의 논리도 있었다.

그때는 거기까지밖에 몰랐기 때문에 그럴 수 있었다. 마치 지동설이 나오기 전까지 천동설이 진리라고 믿고 살았던 우리 인류의 경험처럼 거기까지밖에 모르니까 그렇게 믿고 살아온 것이다. 배움은 유치원에 들어가서 글자와 숫자를 배우면서 시작되는 것이 아니다. 세상에 태어나기 전 엄마의 뱃속에서부터 시작된다. 이것을 예전부터 태교라고 표현했다. 아이는 존재가 시작되면서 모든 것을 경험하고, 경험이 의식과 무의식에 쌓이며 삶의 방법을 채운다.

아이들이 외부로부터 경험하는 모든 것들은 엄청난 에너지가 된다. 영유아기에 경험한 데이터를 바탕으로 한 사람의 인생과 그 방향이 결정된다는 것이 일반적인 이야기다. 그것에 동감한다. 영유아기를 포함해 10세 이전에 한 사람의 인생은 80% 이상 결정된다. 아이는 경험을 통해 데이터를 쌓아 이것을 무의식의 저장 공간에 담는다. 그래서 나는 유튜브를 말리지 않는다. 이쁘가 가족들의 일거수일투족과 유튜브라는 세상에서 정보를 스캔해 자신의 데이터베이스에 쌓아 행동하는 것도 하나의 경험으로써 아주 중요하기 때문이다.

이 데이터를 삶을 살아가는 데 유용한 정보로 사용하고, 이 것은 모여 한 사람의 인생이 된다. 그렇기에 데이터를 쌓는 경험은 무한으로 중요한 것이다. 학교 성적이 이 세상살이를 결정한다고 생각하는 사람은 이 말의 의미에 공감하지 않을 수도 있을 것이다. 그런 생각을 하는 사람이라면, 여행보다는 예비 영재교육원에 보내는 것이 훨씬 유리할 것이다.

사람이 쓰는 말투를 보면 전라도 사람인지 경상도 사람인지를 대부분의 나이가 많은 사람이면 쉽게 알아낸다. 또한 대부분 사람은 외국 사람이 동양인인지, 서양인인지 쉽게 알아차린다. 하지만 서양인 중에서 미국 사람인지, 유럽 사람인지 아는 사람은 많이 없다. 외모도 마찬가지다. 사람이 잘생겼는지, 못생겼는지에 대한 것이 정답이 아니더라도 우리는 잘 안다. 하지만 외계인 중에서 어느 쪽이 잘생겼는지 모른다. 이런 일들은 결국 경험과 정보의 차이에서 발생하는 결과다.

아기는 천사다. 천사는 가식도, 악의도 꾸밈도 없다. 그저 있는 그대로 보여주며 보이는 그대로 받아들인다. 천사의 웃음 하나면 모든 것은 평온해지고 부드러워진다. 손녀 '이쁘'가 동행해 이번 여행은 기대 이상으로 행복했었다. 엄마 아빠가 조금 힘들어했지만, 그들에게도 그 이상의 기쁨과 행복을 주었을 것이다. 나는 천사가 할 수 있는 최대한의 경험을 할 수 있도록 도와주라고 권하고 싶다. 그것이 여행이 아니어도 무방하다. 아름답고 예쁘고 훈훈하고 기분 좋은 모든 것들을 경험하게 해줘라. 돈 많이 벌어서 유학 보낼 생각하지 말고, 가능하다면 성년이 되기 전에 아름다운 추억을 듬뿍 선물하자. 그들이 인생을 살아가는 데 참된 무기가 될 수 있는 아름다운 추억과 경험 말이다.

39

동화
살벌하게
정신병이 탄생시킨
아름다운

"언젠간 너도 이 세상을 떠나게 될 거야. 절대 사라지질 않을 추억을 만들어. 그저 인생이 흘러가게 두지마. 네가 나이가 들면 네 거친 심장은 젊었던 시절을 떠올리며 살게 될 거야. 그러니 네가 추억할 만한 인생을 살아라. 먹구름이 비를 쏟아 내린다면, 절대 꺼지지 않을 불을 지펴, 저 빛나는 별들에 네 이름을 새기렴" 여행과 닮은 가사도, 멜로디도 참 좋았던 이 노래는 미국에서 자주 들었다. 미국에서 길을 걷다 우연히 들은 avicii의 노래는 나의 사랑이 되었다. 그러다 보니 한국에 돌아와서도 이 노래만 들으면 미국 생각이 났다.

한 달 동안 다른 나라에서 지낸 것이 처음이라 어색할 줄 알았던 한국은 새삼 익숙했다. 오랜만에 만난 집에서는 멈춰있던 시간을 만날 수 있었다. 곳곳에 쌓여있던 먼지, 정리 못 한 채 구겨져 있던 이불, 반쯤 닫혀있던 문. 식탁 위에서 술잔을 부딪치며 시작된 여행이 식탁 위에서 술잔을 부딪치며 끝났다는 게 아직도 실감나지 않는다.

여행이 끝나고 못 만났던 친구들, 선생님들을 만났다. 밤이 새도록 하지 못했던 이야기를 하며 놀았다. 그렇게 지내니 한국에서의 시간이 빠르게 흘렀다. "여행 어땠어?"라는 질문을 많이 들었다. 그때마다 "말이 안 나와. 말이 안 나올 정도로 너무 좋아서 설명하기가 어려워"라고 대답하곤 했다.

여행에 대해서 한마디로 정의할 수 없을 만큼 즐거운 시간을 보냈었다. 그러나 여행을 다녀온 후 나의 일상은 심각하게 별로였다. 고민은 다른 먼 곳에서 온 게 아니었다. 가장 가까운 곳에서 왔다. 몸은 한국으로 돌아왔지만, 마음은 아직 미국에 있어서 그랬다. 40일간의 미국 여행은 엄청나고, 특별했다. 매 순간이 웅장하고 벅찼으며 하루가 끝나고 침대에 누울 때, 기억을 다듬어 한 편의 영화를 만들었다. 한국에서 만난 것들은 미국에서 경험한 것들에 비해 비교적 인상적이지 않았다. 그래서 일상에서의 재미를 찾기가 어려웠다. 한국에서의 밤은 몸은 지쳐 피곤해도 머릿속으로 생각이 많아 쉽게 잠들지 못 하는 날들의 연속이었다. 눈만 감은 채, 수많은 생각을 하는 것을 반복했다.

그러던 어느 날, 새벽의 햇살이 나를 깨웠다. 6월 새벽 5시가 되면, 우리 집 거실 사이에 햇살이 들어온다는 게 기억났다. 은은하고 진한 노란색의 빛이 나를 움직이게 했다. 오랜만에 만난 새벽빛에 홀려 산책했다. 한국에 와 처음으로 한 아침 산책이었다. 따뜻하면서도 습한 공기가 좋았다. 잔잔하게 부는 바람을 따라 우리 동네를 한 바퀴 걸었다. 문득 이 문장이 떠올랐다.

"지루할 만큼 무난한 이 일상을 얼마나 갈망했던가" 여유를 가지고 우리 동네를 바라보니 참 예쁘다는 것을 알게 되었다. 바쁜 사람들, 싱그러움을 뽐내는 풀들, 빼곡하고 높은 건물들. 동화에서는 아무것도 없던 곳에 예쁜 성이 지어지고 그곳에서 많은 사람이 행복하게 살곤 한다. 가만 보니, 나는 동화 속에서 살고 있었다. 아무것도 없는 곳에는 높은 건물과 편리하게 살 수 있는 다양한 시설이 자리 잡고 있다. 게다가 한국은 사계절이 있는 나라다. 봄에는 꽃이 피고, 여름에는 온 생물들이 춤을 춘다. 가을은 어떨까. 가을에는 빨간 낙엽이 아름다운 길을 만들어주고, 겨울에는 하얀 눈이 세상을 예쁘게 꾸민다. 나의 동화를 찾으며 일상에서 행복을 다시 찾았다. 산책하며 사소하면서도 아주 큰 변화를 만들 수 있었고, 나는 또 다른 동화 나라에서의 여행을 시작할 것이다.

생
존
하
는
방
법

2
5
년
동
안
월
급
없
이

40

왜 반년 전부터 기획해서 한 달이 넘는 기간을 여행했을까? 다른 사람에게 자랑하기 위해서, 가족들과 즐기기 위해서 그도 아니면 흔히 말하는 것처럼 재충전을 통해 더 나은 실적을 생산하기 위해서. 많은 이야기가 어느 정도는 포함된다. 그러나 곰곰이 생각해보면 정답 중 하나는 이것이다.

익숙하지 않은 것들에 익숙해지는 연습을 하기 위해서다. 지금까지 살아온 인생이 나름 진취적이었다고 생각한다. 반복되는 일상을 누구보다도 싫어하고 경계했었다. 그래서 학교와 군대를 마치고, 서른부터 사업을 시작해 지금까지 운영하며 평생 월급을 받아본 적이 한번도 없다.

187

25년 세월 동안 사업이라는 것을 하면서 수없이 많은 사연을 경험했다. 회사 부도도 3번이나 내 보고, 누구나 부러워할 정도의 돈도 벌어봤다. 하지만 그것들을 크게 바라보면, 고만고만한 일들의 연속 속에서 살아왔다고 느껴진다. 모진 세파를 견디면서, 그래도 건재하게 살아남아 가족과 사회를 위해서 털끝만큼이라도 기여하면서 살고 있으니 감사할 일이다. 이런 생각에 가끔은 스스로 대견함을 느끼고, 주변 사람들에게 인사치레 칭찬을 듣기도 한다.

그렇지만, 10년이 지나 35년째가 되어도 큰 변화가 없을 것이다. 감사하면서도 가슴 아프게 말이다. 오래된 풍경이지만 명절에 큰 집에 제사를 모시러 가면 모인 가족들의 대부분이 선생님뿐이었다. 초등학교와 대학교 선생님들이었고, 그분들의 아내와 남편들도 대부분 선생님이었다. 교육자 집안에서 태어난 덕에 이 세상에 직업은 선생님뿐인 줄 알았다. 그래서 자연스럽게 선생님이 되고자 하는 꿈을 키웠다.

자연스럽게 꿈을 키워가던 고등학교 시절 어느 날 궤도 수정을 했다. 그것도 반대로 수정했다. 내가 꼭 해야 할 목표에서, 내가 절대 하지 말아야 할 첫 번째가 선생님이라는 직업이 되었다. 중학교 때까지는 몰랐다. 고등학생이 되고 학교에서 수업을 들으면서 보지 못했던 중요한 한 가지를 발견했다. 선생님들은 예외 없이 어제 했던 이야기를 오늘 또 한다는 것이었다. 물론 그렇지 않은 선생님도 있었지만, 거의 모든 선생님이 그랬다. 학생을 가르치는 일이 지식을 전달하는 도구의 역할로 중요하기에 나쁜 것만은 아니다. 하지만 올해도, 내년에도 퇴직 때까지 평생을 같은 이야기만 하고 살아야 한다는 것을 생각하니 끔찍했다.

'과연 선생님들은 행복할까?', '어떤 보람을 가지고 살까?' 이런 질문 끝에 선생님이 되는 길을 접었다. 그 이후에 학교와 군대를 제대하고 개나 소나 닭도 한다는 그 대단한 사장님이 되었다. 한쪽 면으로만 바라보면 사장님은 참 멋있는 직업이다. 매일 다른 일과 사람을 만나며 새로운 관계를 만든다. 말 그대로 살아있는 인간 시장의 날것들을 체험하면서 살게 된다. 하지만 이런 일도 이제 그만두고 싶다. 더 머물러 있으면 썩을 것 같다. 서른에 취직해서 예순에 은퇴하는 우리 시대의 일반적인 아버지들이 걸어왔던 그 길에 보조를 맞춰 보고 싶다.

환갑 이후에는 지금까지 살아왔던 길보다는 뭔가 좀 색다른 일을 경험하면서 살고 싶다. 무엇을 준비해야 할지는 아직 모르겠다. 하지만 확실한 것 하나는 지금까지 가지고 있었던 틀 안에서는 그 답을 찾기는 어려울 것 같다는 생각이었다. 그래서 타성에 젖은 이 안락한 자리를 떠나 여행을 다녀왔다.

이제부터는 익숙했던 것들과 이별하고 낯선 것들과 만나는 일을 시작할 것이다. 낯선 것들과 만나면서 그것들과 친해지는 일들을 끊임없이 반복하면서 나를 깨워야만 한다. 내가 생각하는 인생을 가장 편하고 쉽게 사는 방법에 대한 답이다. 인생을 가장 쉽고 편하게 사는 방법은 내가 원하는 것과 정반대로 사는 것이다.

4차 산업혁명이라고 난리다. 실제 그것이 심각할 정도로 우리 곁에 가까이 다가와 있는 것도 사실이다. 단지 서서히 끓는 냄비 안에 있는 개구리가 물이 데워지는 것을 쉽게 체감하지 못 하는 것처럼, 그것을 잘 모르는 사람이 많은 것 같다. 모든 문명이 그렇듯이 문명은 장악이라는 방법이 아닌 잠식이라는 방법으로 이 세상에 침투하기 때문에 그럴 것이다.

어려운 것을 두려워하거나 마다치 않을 생각이다. 누구나 한번 사는 세상, 인생 그거 별것 없다. 가장 편하게 살고 싶다면 가장 불편한 것들을 수용하고 이를 인내할 자세가 있으면 된다. 또한 가장 쉽게 살고 싶다면 가장 어렵게 살아보거나, 그렇게 살 수 있다는 의지를 단단하게 만들면 된다. 살아남기 위해서 이번 여행을 선택한 것이다. 정말 살아남고 싶은 간절함 때문이다. 가장 안전하다고 생각할 때가 가장 위험한 시기다. 주식도 천정을 향해 달려갈 때가 가장 위험한 단계다. 그래서 항상 균형을 깨트리는 연습을 해야 한다. 안정될 만하면 흔들어서 무너뜨리고, 다시 안정을 찾을 만하면 흔들어서 재정립시키는 과정이 필요하다.

수없이 많은 반복을 해야만 더 강한 자로서 세상에 살아남을 수 있을 것이다. 여행을 통해서 지금까지의 균형은 깨졌고, 다시 혼란을 경험하기 시작했다. 이 혼란은 어떤 식으로든지 새로운 조정 기간과 방법을 통해서 안정을 찾아갈 것이다. 익숙하지 않은 것들에 익숙해지는 연습을 반복하면서 가장 편하고 가장 쉽게 인생을 살기 위해 노력한다.

41

세금 한 푼 없이 유산 증여하는 방법

아빠는 친구다. 심심하거나 배가 고플 때, 연락해서 함께 시간을 보낼 수 있는 친구다. 아빠는 선생님이다. 인생에 대해서 모르는 게 있을 때, 자신이 생각하는 해답을 말해 주는 선생님이다. 아빠는 돈이다. 내가 하고 싶은 것이나 원하는 게 정말로 간절하다면, 기꺼이 돈을 주신다. 아빠는 나의 미래다. 아빠처럼 나 자신만의 길을 개척해서 자유롭게 살고 싶다.

아빠는 어릴 때부터 이상한 말만 하셨다. 주변에서는 제발 철 좀 들라고 했는데, 아빠는 철이 든다는 건 성숙해졌다는 것이고, 성숙함의 크기는 아픔의 크기라며 가슴 아프니까 철들지 말라고 하셨다. 모두가 학원에 다니라고 말할 때도 학원에 다니지 말라고 말씀하셨다. 선생님 월급 주는 일 하지 말고,

"네가 너로서 좋은 일을 해라"라고 말하셨다. 항상 아무것도 모르는 나에게 주체적인 사람이 되라고 말씀하셨던 아빠는 다른 사람의 인생을 대신 살아주지 말고, 인생의 주인이 되어 살라고 하셨다.

"인생은 열심히가 아니라 현명히 사는 것이다. 모두가 가는 길이 아닌 너만의 길을 가라" 나보다 먼저 자퇴를 권유했다. 신뢰와 공감을 바탕으로 자퇴했을 때, 계획 없이 노는 나에게 자퇴를 한 것만으로도 절반은 성공했다고 하셨다. 그렇지만, 놓치지 말라고 하셨던 게 한 가지 있었다. 바로 책이다.

내 친구, 아빠 덕분에 여행은 시작되었고, 잘 마칠 수 있었다. 이번 여행을 시작할 때부터 우리를 전적으로 지지하고, 지원해 주신 것에 대한 감사한 마음을 가졌다. 그래서 감사하고 소중한 기회를 글자로 기록하고 싶다고 생각했다. 다시 올 수 있더라도, 가족들과 다 같이는 못 올 것 같았다. 그래서 우리의 순간을 글로, 사진으로, 영상으로, 목소리로 기록했다.

여행이 끝나고 나의 선생님을 만났다. 지금까지 출간했던 책들을 모두 기획해 주신 선생님은 이야기가 너무 재밌다며 책으로 내보자고 말씀하셨다. 긴 이야기 끝에 책으로 출판하기로 했고, 이번 책은 내가 만든 출판사에서 책 출판의 모든 과정을 직접 진행하기로 했다.

건물을 지을 때 먼저 설계를 하듯이, 이 책을 쓰기 전 여러 번의 기획 회의를 해야 했다. 좋은 기획을 위해서는 이 여행이 무엇 때문에 시작되었는지 자세히 알아야 했다. 왜 떠났는지 알지 못한 채 결론을 만들 수가 없었다. 스스로 질문을 던졌다. 아빠는 왜 여행을 가자고 했을까? 그 질문을 바탕으로 아빠와 대화를 나누며 아빠는 잊지 못할 경험을 선물해 주고 싶으셨다는 것을 알게 되었다.

어렸을 때였다. 내가 초등학교에 들어가고, 안경을 낄 때쯤. 아빠와 소파에 누워 텔레비전을 보고 있었다. 텔레비전에서는 유산 상속 문제로 형제간이 싸우는 막장 드라마의 한 장면이 나오고 있었다. 그걸 보며 물었다. "아빠, 나 유산 줄 거야?", "그런 건 아빠 사전에 없다" 유산이 없다는 사실에 슬퍼하자 아빠는 "지금 이 순간순간의 모든 것이 유산이다"라고 말씀하셨다.

나 제준은 책을 쓰는 사람이며, 어린 청소년이다. 책에서는 인생과 세상에 대해서 말하지만, 아직도 모르는 게 정말 많다. 자신에 대해 매일 고민하고, 의심한다. 친구들과 싸우거나 헤어져 눈물을 흘리기도 하며, 가끔 느끼는 행복에 온 세상을 다 가진 것처럼 웃기도 한다. 인생은 여전히 가혹하고 괴롭지만 나는 그런 인생이 행복하다고 말한다.

　그렇게 이야기할 수 있는 것은 사랑 때문이다. 19년을 살아온 나의 인생에서 가장 좋았던 순간은 사랑하는 사람들과 함께했던 시간이다. 유산에 대한 질문에 아빠가 이상한 이야기를 했던 이유에 대해 조금씩 이해하고 있다. 아빠는 50년이 넘는 인생을 살면서 사랑하는 가족과 함께한 시간과 추억이 돈보다 훨씬 더 소중하다고 생각하지 않았을까? 어쩌다 보니 다른 사람들보다 일찍 유산을 받아버렸다. 이것이 어떤 의미를 지녔는지는 모르겠지만 소중하다는 것은 확실하다. 우선, 잘 간직해보자.

아 버 지,
4 0 일 여 행
1 년 여 행 보 다
행 복 했 습 니 다

나이가 좀 있는 사람들은 알겠지만, 예전에 정미소를 운영하는 사람은 시골에서 모두 먹고살 만했다. 우리가 잘 아는 삼성의 창업가인 이병철 회장도 처음에는 우리 고향에서 정미소를 운영했다. 그런데 지금 그 가족들은 한국을 넘어서 세계적인 기업 일가를 이루었고, 우리 가족은 그저 그런 평범한 서민으로 살고 있다.

5형제 중 막내로 태어났다. 위에서부터 형님 두 분과 누님 두 분이 계신다. 그리고 아버지는 경남 의령이라는 곳에서 정미소를 운영했다. 시골에서 정미소라도 한 덕분에 5남매는 모두 대학을 졸업할 수 있었다. 거기에 더해서 나는 막내라고 대학원까지 졸업할 수 있었으니, 그것만으로도 대단한 일이고 감

196

사한 일이다.

아버님이 돌아가시기 전, 재산은 그렇게 많지 않으셨다. 얼마 되지 않지만 가족끼리 모였을 때 유산에 대한 이야기를 종종 했었다. 이때마다 아무것도 필요 없다고 했다. 이 나이 먹을 때까지 세상 사는데 별문제 없도록 키워주었으니 이것으로 충분하다고 말했다. 아무것도 없는 사람이 그렇게 처신하는 것이 잘못됐다고 아내가 말했었다. 정말 당신이 형제와 가족을 생각한다면, 당당하게 자신을 몫을 이야기해서 받고 나중에 형제가 어려울 때 도와주는 것이 맞지 이것은 아니지 않느냐는 것이었다.

그 말이 틀린 말이라고 생각하지 않지만, 해답이라고도 생각하지 않는다. 그래서 당신 말도 맞다고 이야기했다. 사람마다 생각하는 기준이 있고, 그 기준에는 나름의 철학과 가치관이 있는 것이다. 우리는 다 비슷해 보이지만 각자 다른 가치관과 철학을 가지고 있다. 물론 삼성 가문처럼 어쩌다 그렇게 많은 재산이 있었다면 나 역시도 판단의 기준이나 가치의 기준이 달라졌을지도 모른다. 하지만 내가 선택한 이 방법은 최상이고 최선이라고 생각했다.

많은 사람이 "유산은 재산이다", "재산은 돈이고, 땅이고 집이다"라고 말한다. 그것이 이 세상에서 가장 큰 힘을 발휘할 수 있는 것으로 생각하기 때문일 것이다. 인간에게는 종족 보존의 본능이 있다. 자신의 후손이나 종족을 보존하고 번성시키기 위해 무언가를 남기고자 한다. 현대 사회에서는 흔히 이것이 유산으로 표현된다. 표현 방법이 다를 뿐 존재하는 모든 생명체가 다 비슷하다. 생물학자가 아니어서 구체적인 이론으로 설명하지는 못하지만, 종의 본능이 그렇지 않을까라고 생각한다. 사람들은 할 수 있는 범위 내에서 최대한 많은 유산을 남기고자 한다. 수없이 많은 세월이 흘러도 이 사실은 변하지 않을 것이다. 나도 유산을 남기고 싶고 가능하다면 많은 유산을 남기고 싶다. 그렇다면 무엇을 얼마만큼 어떻게 남겨야만 제대로 된 유산을 남겼다고 할 수 있을까?

한 달이 넘는 시간을 2살 아기와 55살 할아버지 한 가족이 함께 움직인다는 것은 쉬운 결단도 쉬운 여정도 아니었다. 이제는 모두 끝나고 과거가 되었다. 처음에 생각한 경비는 4천만 원 정도가 나온다고 애들한테 전달받았지만 결론적으로는 그보다 훨씬 더 많이 들어갔다. 이것도 아낄 것은 아끼고 줄일 것은 줄이면서 노력했던 결과다. 처음에 애들 부부한테 각각

참가비 명목으로 한 집에 3백만 원씩을 부담하라고 했다. 아들과 손주는 미성년자이니 나머지 돈은 내가 부담했다. 처음부터 생각한 부분이지만 당연히 그리고 기쁘게 그렇게 할 생각이었다. 이것은 애들한테 줄 수 있는 유산의 일부이기도 하다. 굳이 나이 먹고 힘없을 때, 허름한 유산을 대물로 주는 것보다는 이렇게 하는 것이 그들에게는 훨씬 유용할 것이다.

8명이 40일간의 여행을 마쳤다. 개인별의 경험을 다 더하면 약 1년에 해당하는 시간이다. 가족 모두에게 앞으로 인생을 살아가면서 이 여행의 체험이 얼마나 큰 추억으로 남아 있을까를 생각해보면, 흐뭇하고 행복하다. 모르긴 해도 인생을 살아가면서 1천 번 이상 이번 여행에 대해 말하고, 자랑스러워하며 행복해할 기회가 있을 것이다. 그런 소중한 경험을 7천만 원을 투자해서 40일 동안 경험한 것이다.

'딸들과 아들에게 어떤 유산을 물려주어야 하지?' 나이 오십이 넘다 보니 가끔은 이런 생각도 하게 된다. '아파트 한 채씩을 주면 될까? 아니면 땅을 주는 것이 좋을까? 그것도 아니면 현금이나 달러를 주는 것이 더 나을까?'라고 이런저런 상상들을 해본다. 그러다가 잠시 정신 줄을 챙기고 돌아오면 과연 그럴만한 현실적인 능력이 있는가라는 문제를 만나게 된다.

다행히 앞으로는 많은 돈을 벌 수 있을 것 같다. 느낌은 정확히 그렇다. 예전에도 그랬지만, 요즘에는 더 많이 이런 생각을 한다. 지금까지 많은 준비를 해 왔고 또 가시적으로 돈을 많이 벌 수 있는 구도가 형성되어 가고 있음을 느낀다. 계획처럼 돈을 많이 벌면 더 좋은 집도 사고, 땅도 사고, 회사도 키울 계획을 하고 있다. 그렇게 되면 누구나 생각하듯이 그 돈을 다 쓰지도 못하고 죽을 상황도 생길 수 있을 것이며 자식들에게 줄 수 있는 유산이 생길지도 모르겠다.

경험으로 볼 때 부모가 죽어서 남기는 유산은 적으면 적어서 서운하고, 많으면 많아서 분란의 원인이 된다. 그것보다는 살아있을 때, 자식들에게 기회를 주며 화합한다면 그런 투자가 더 좋지 않을까? 그래서 앞으로도 이번 여행 같은 시도를 계속할 계획이다.

여행이라는 기회를 통해서 우리는 가족의 사랑을 서로 느낄 수 있었다. 이 과정은 각자의 마음을 풍요롭게 만들었을 것이다. 앞으로 이것으로 인생을 더 참되게 살 수 있는 기반을 마련할 수 있을 것이다. 다른 이들은 이것을 '위태한 유산'이라고 부르지만, 이것은 내가 가장 가치 있게 생각하는 '위대한 유산'이다. 부동산 같은 모양새 나는 유산보다는 보석처럼 빛나는 감사와 사랑이라는 넓은 토지 위에 행복이라는 높은 건물들을 지어 물려줄 것이다.

당신의 어깨를 축처지게 만들었던 것

43

"아버님, 미국에 오긴 했는데 과연 안전하게 여행을 할 수 있을까요?"

"권 서방, 이 세상에 안전한 곳은 단 한 곳도 없다는 걸 알지 않는가? 우리가 가장 안전하다고 생각하는 우리 집 안방조차도 그래. 가장 안전한 곳과 가장 위험한 곳은 모두 마음속에 있는 거야"

미국에 도착한 첫날 숙소에서 큰사위하고 나눴던 나름의 철학에 대한 이야기다. 이 세상 어디에 있든, 어떤 일을 하던 위험은 항상 동반한다. 게다가 사람은 타고난 선천적인 운명이 있어서 어디에서든 평안한 마음으로 주어진 일상에 충실하면 그것으로 충분하다. 군이 위험을 피하고자 억지로 안전한

203

곳만을 선택하는 것은 해답이 아니며, 그렇게 하더라도 위험이 없어지지도 않는다.

　나보다는 가족들이 그런 생각을 훨씬 많이 했을 것이다. 처음 계획할 때는 과연 가족이 다 같이 미국 여행을 잘할 수 있을까에 대한 의문을 가지고 있었다. 인생 50년을 살면서 처음 기획한 여행은 쉽지 않은 결단이었다. 어떤 시련과 난관들이 우리에게 부딪힐지에 대해서는 아무것도 알 수 없었다. 단지 스스로 믿었던 사실 하나는 결심하고 실행하는 것이 어려울 뿐, 어떻게든 잘 진행될 수 있을 것이라는 근거 없는 희망이었다.

　여행 과정에서 가족들의 크고 작은 충돌과 예상치 못한 사건들이 생겼지만, 그것들은 어떻게든 극복할 수 있었다. 다들 처음 보는 새로운 문화를 직접 느끼는 등 많은 경험을 했다. 하지만 개인적으로는 이런 직접적인 수확보다도 모두가 함께 동고동락하면서 가족과 사랑에 대해서 몸으로 느낀 간접적인 수확이 더 큰 것 같다. 그 외에도 단체 생활을 하면서 사회생활의 축소판을 경험한 것, 서로에 대해서 깊이 있게 알고 이해한 것, 앞으로의 인생에 많은 참고가 될 수 있는 것들을 경험한 것. 이번과 같은 여행은 여러 가지 조건이 충족되지 않으면 불가능한 일이었기에 더욱더 행복하고 가치 있는 경험이었다.

"가야 할 때가 언제인가를 분명히 알고 가는 이의 뒷모습
은 얼마나 아름다운가

봄 한 철 격정을 인내한 나의 사랑은 지고 있다.

분분한 낙화. 결별이 이룩하는 축복에 쌓여 지금은 가야
할 때,

무성한 녹음과 그리고 머지않아 열매 맺는 가을을 향하여

나의 청춘은 꽃답게 죽는다.

헤어지자 섬세한 손길을 흔들며 하롱하롱 꽃잎이 지는 어
느 날

나의 사랑, 나의 결별, 샘터에 물 고인 듯 성숙하는 내 영혼
의 슬픈 눈"

이제는 다시 일상을 시작해야 한다. 돌아온 지 한참이 지
났지만, 아직도 일상에 대한 감각이 많이 떨어져 있다. 이번 경
험을 통해서 떠나는 근력과 노하우를 좀 쌓았으니 지금부터
다시 떠날 준비를 해본다. 이제부터는 길고 멀리 떠나는 것과
더불어 자주 가까운 곳으로 떠나는 것도 배워 볼 생각이다. 이
형기의 낙화처럼 떠날 준비를 마친 사람이 떠날 때의 뒷모습

은 가장 아름답다. 언젠가는 떠날 인생, 초라한 뒷모습을 보이며 쓸쓸하게 떠나지 않기 위해 즐거운 마음으로 오늘도 떠날 준비를 한다.

멈출 수 없는가 그들은 왜 여행을

44

매 순간 다른 이와 여행을 함께하고, 그 여행을 떠나보내는 여행을 한다. 그리고 그 여행을 인생이라 쓰고 행복이라 읽는다. 피아노 치듯 키보드를 두드리는 것, 잡념 없이 순간에 몰입해 촬영하는 것, 웃음이 언제 멈출까라는 고민 없이 서로의 눈을 마주보며 대화하는 것을 좋아한다. 이 모든 것들을 동시에 시작할 수 있는 때는 여행을 떠날 때다. 몇 개의 도시를 여행했을까. 미국에서는 20개 정도의 도시를 누볐고, 지구에서는 50곳 정도의 도시를 여행했다.

대부분의 도시에서는 높은 빌딩과 랜드마크 그리고 수없이 많은 차가 밤이 되면, 찬란한 불빛들을 토해낸다. 이런 일반적인 공통점을 제외하면 도시 저마다의 색깔과 느낌을 찾을 수 있다. "각각의 빛깔을 가진 도시는 하나의 생명체를 가진 인격체야. 그래서 모든 도시는 태어나고 또 죽어 없어지기도 하지. 사람과 같이 타고난 팔자가 있어서 오랫동안 번성하기도 하며 평생을 전쟁만 겪다가 쓸쓸하게 생명을 다하기도 한단다." 여행하며 들은 아빠의 말에 대해 조금씩 이해가 되기 시작한다. 도시를 경험할수록 도시에 대해서 더 많은 관심과 호기심을 가지곤 했다.

그렇게 생긴 호기심은 나에 대한 질문으로 변하기도 했다. 여행하며 만난 수많은 도시는 아주 좋은 기억으로 남아있다. 생각해본다. 왜 여행을 떠났는가. 어렸을 때 다닌 여행은 단순히 추억을 쌓기 위한 것이었다. 아빠는 사업하시느라 바빴기에 가족 여행을 거의 다니지 못했었다. 엄마는 항상 아빠에게 아들과 시간을 보내라고 말했었고, 10살이 넘어서는 되도록 모든 기회를 잡아 여행을 떠나려 노력했다.

16살까지 다닌 여행은 가족들과 함께 추억을 만들기 위해서, 그리고 그 순간이 좋아서 여행했었다고 생각한다. 17살이 되면서 사진을 좋아하기 시작했다. 아름다운 순간을 카메라에 담거나, 빼 오는 게 참 좋았다. 여행 중 길을 걸으며 아름다움을 만나고, 그 순간을 온몸으로 함께할 수 있다는 것. 그것은 참으로 큰 행복이었다.

18살에는 여행하며 사람들을 만나는 것에 모든 관심이 쏠려 있었다. 일본, 중국, 터키, 덴마크, 러시아 친구들과 이야기를 나누며 나라에서 만들어진 문화가 개인의 생각에 아주 큰 영향을 준다는 사실을 재밌어했다. 또한, 우연히 만난 다른 사람에게서 듣는 생각이 내 삶을 뒤흔들 정도의 신선함을 주는 경험을 좋아했다. 19살에는 친구들과 함께 지구의 어딘가를 떠돌아다닌다는 것 자체를 사랑했다. 일본의 친구를 만나기 위해 여행을 다녔으며, 배움과 사랑을 위해 덴마크와 러시아도 여행했다.

이 외에도 실수하며 즉흥적인 것들을 맞이하기 위해 혼자 무계획으로 여행을 떠나기도 했다. 여행에서의 결과가 어떠했든 그 모든 과정을 사랑했었다. 그 자체가 감동이었다. 여행은 뇌과학적인 관점에서도 사람을 발전시킨다. 인생에서 가장 많은 영향을 준 여행은 항상 나에게 새로운 꿈을 꾸게 하였다. '나는 여행을 왜 떠났는가?'라는 질문으로 여행을 되돌아보았다. 여행에는 나의 인생이 담겨 있었다. 나 제준은 떠나는 것을 좋아하고, 동경한다고 자신 있게 말할 수 있겠다. 앞으로 이 넓은 세상을 유람하며 즐기고 싶다. 최갑수 시인의 말을 인용하며 이 책의 마지막을 장식하고, 1년 뒤 새로운 책에서의 만남을 기약한다.

"누군가는 사랑을 버리기 위해
누군가는 남루한 삶을 견디기 위해
누군가는 깨달음을 위해
누군가는 밥벌이 때문에 어쩔 수 없이

또 누군가는 지구의 사랑과 평화를 위해
그러니까, 이 세상의 여행자가 모두 100명이라면
여행을 떠나는 데는 100가지 이유가 있는 거야.
그러니까 여행을 왜 떠나느냐는
그런 멍청한 질문은 더 이상 하지 말아 줘"

위태한 유산

초판 1쇄 인쇄 | 2020년 8월 15일
초판 1쇄 발행 | 2020년 8월 30일

지은이 | 제준 · 제해득
발행인 | 제준

만든 사람들
편집주간 이혁백 | **출판기획** 최윤호 | **책임편집** 홍민진 | **마케팅총괄** 김미르 | **홍보영업** 백광석
북디자인 ★규, D&A DESIGN

펴낸 곳
발행처 (주) 책인사 | **브랜드** 안타레스 | **출판등록** 2017년 10월 31일(제 000312호)
주소 서울시 강남구 논현동 9-18 4F, 5F | **전화** 02-518-7191 | **팩스** 02-6008-7197
이메일 240people@naver.com | **홈페이지** www.shareyourstory.co.kr

값 13,700 원 | **ISBN** 979-11-90067-28-7

이 도서의 국립중앙도서관 출판예정도서목록(CIP)은 서지정보유통지원시스템 홈페이지(http://
www.seoji.nl.go.kr)와 국가자료공동목록시스템(http://www.nl.go.kr/kolisnet)에서 이용하실 수
있습니다.(CIP제어번호: CIP2020030839)

안타레스
Antares

Sincere 진심
Trust 신뢰
A blue see 푸른 바다
Reclaimer 개척자

'위태한 유산'은 제준 작가가 설립한 출판사에서 제작한 첫 작품입니다. 출판사 이름 '안타레스'는 지구에서 볼
수 있는 별 중 가장 밝은 별에 속합니다. 특히, 붉게 빛나는 이 별빛의 색깔은 뜨거운 심장을 의미합니다.

Sincere : 진심, 따뜻한 진심이 담긴 책만을 출판합니다. **Trust** : 신뢰, 독자분들과 단단한 신뢰를 형성하는
브랜드입니다. **A blue see** : 푸른 바다, 크고 넓은 세상을 의미하는 푸른 바다는 국가에 한정되지 않고 우주에서
활동하는 것을 지칭합니다. **Reclaimer** : 개척자, 세상의 자유로운 개척자를 사랑하고, 대표합니다. 별빛은 수십,
수백 광년 오랜 시간이 걸려 우리 눈에 담깁니다. 그럼에도 아름다움과 황홀함은 사라지지 않습니다. 우리는
별빛처럼 오랫동안 가치가 아름답게 기억되는 활동을 추구합니다.